AF497848

CATALOGUE MENSUEL

(Nouvelle Série, N° 19)

LIBRAIRIE

DE

THÉOPHILE BELIN

29, Quai Voltaire, PARIS

SOMMAIRE

Albin. Hist. naturelle des Oiseaux, 1750, 3 vol. — *Angelo.* L'Ecole des armes, 1763. — *Arioste.* Orlando furioso, 1805, 4 vol. — *Azeglio.* La Galleria di Torino, 1836-44, 4 vol. — *Barre.* Hist. d'Allemagne, 1748, 11 vol. — La Sainte Bible, 1828-34, 13 vol. — Bibliothèque latine-française de Panckouke, 1826-49, 211 vol. — *Blanc.* Hist. des Peintres, 1866-75, 14 vol. — *Boccace.* Decameron, 1757-61, 5 vol. — *Bouchet.* Les Serées, 1608, 3 vol. — *Bouquet.* Recueil des historiens de la Gaule, 1869-80, 19 vol. — *Cahier et Martin.* Monographie de la cathédrale de Bourges, 1841-44. — *Cahier.* Mélanges d'Archéologie, 1874-77, 4 vol. — *Corneille.* Théâtre, 1660-64, 4 vol. — Description de l'Egypte, 1821-29, 35 vol. — *Detaille.* Armée française, 1885-89. — *Fabris.* Scienza d'arme, 1677. — Galerie du Palais-Royal, 1786-1808, 3 vol. — *La Guérinière* Ecole de Cavalerie, 1733. — *Le Brun* Grand escalier de Versailles. — Histoire militaire de Louis XIV, 1678. — *Magny.* Amours, 1553. — *Pluvinel.* Instruction de monter à cheval, 1625. — *Rabelais.* Œuvres, 1741, 3 vol. — Recueil de 105 portraits par Quenedey. — *Simon.* Armorial de l'Empire français, 1812. — *Vernet.* Recueil de chevaux.

PARIS

LIBRAIRIE THÉOPHILE BELIN

29, QUAI VOLTAIRE, 29

1898

2802. Abrégé chronologique des principaux Évenements qui ont précédé la constitution Unigenitus, qui y ont donné lieu, ou qui en sont les suites avec les 101 propositions du P. Quesnel mises en paralèlle avec l'écriture et la tradition (par l'abbé Nicolas Le Gros). *Utrecht, Guil. le Fevre,* 1730 ; pet. in-12, mar. vert jans., tr. dor. (*Rel. anc.*) 25 fr.

Petit livre janséniste très rare et très recherché.

2803. Actes (les) des Apôtres commencés le jour des Morts, et finis (*sic*) le jour de la Purification. *Paris, l'an de la liberté* 0 (1789-1791); 9 vol. in-8, fig., demi-rel. basane. 80 fr.

« Cette feuille, dit Hatin, *Hist. de la presse en France* (VIII, 11), la plus spirituelle et la plus piquante de l'époque, commença à paraitre le 2 novembre 1789 ». Elle eut pour rédacteurs Peltier, Rivarol, Champcenetz, Mirabeau jeune, Bergasse, Montlosier, Lauragais, Suleau ; ce fut, selon l'expression de Lamartine, comme la Satyre Ménippée du temps.

Ouvrage très rare à trouver complet. La présente collection ne comprend que 281 numéros (les titres des tomes IV et VI manquent, ainsi que les introductions des mêmes volumes et les épilogues des tomes V et VII).

On y joint l'*Apocalypse*, 2 vol. in-8, 56 numéros avec fig., et la *Légende dorée pour servir de pendant aux actes des apôtres*, in-8, broché. Ens. 12 vol.

2804. Ailly (Philippe Bourlier, baron d'). Recherches sur la Monnaie romaine, depuis son origine jusqu'à la mort d'Auguste. *Lyon, Scheuring,* 1864-1869 ; 4 vol. in-4, cart., *non rognés.* 60 fr.

113 planches finement gravées au burin.

2805. Albin et **Derham.** Histoire naturelle des Oiseaux, ornée de 306 estampes qui les représentent parfaitement au naturel, dessinées et gravées par Eleazar Albin, et augmentée de notes et de remarques curieuses par W. Derham. *A La Haye, chez Pierre de Hondt,* 1750 ; 3 vol. in-4, mar. rouge, dos orné, fil., tr. dor. (*Rel. anc.*). 150 fr.

305 planches en taille-douce.

2806. Album chinois. Pet. in-fol., cart. 80 fr.

Recueil de 90 planches coloriées représentant diverses scènes d'un poème chinois ou japonais.

2807. Alcoran (l') des Cordeliers, tant en latin qu'en françois, c'est à dire recueil des plus notables bourdes et blasphèmes de ceux qui ont osé comparer Sainct François à Jésus Christ. Tiré du grand livre des conformitez, jadis composé par frère Barthélemi de Pise (par Erasme Alber). *Amsterdam,* 1734 ; 2 vol. in-12, fig., veau fauve, fil., tr. dor. (*Rel. anc.*). 40 fr.

Bel exemplaire orné d'un frontispice et de 21 figures de *Bernard Picart*, auquel on a joint : *Légende dorée, ou sommaire de l'histoire des frères mendians de l'ordre de S. Dominique* et de *S. François.* Amst., 1734.

2808. Alembert. Le Tombeau de Mlle de Lespinasse, par d'Alembert et par le comte de Guibert, publié par le bibliophile Jacob. *Paris, Jouaust,* 1879 ; in-12, mar. rouge, dos orné, fil., tr. dor. (*Masson-Debonnelle*). 20 fr.

Charmant frontispice gravé à l'eau-forte par *Lalauze.*

2809. Allier (Achille). L'Ancien Bourbonnais (histoire, monumens, mœurs, statistique), par Achille Allier, gravé et lithographié sous la direction de M. Aimé Chenavard, d'après les documens de M. Dufour, par une société d'artistes. *Moulins, Desrosiers fils,* 1833-1838 ; 3 vol. in-fol., demi-rel. dos et coins de chagrin brun, dos orné, éb. 125 fr.

Intéressant ouvrage illustré d'un portrait et de 135 planches lithographiés.

2810. Almanach royal. Année 1783. *Paris, d'Houry,* 1783 ; in-8, mar. rouge, dos fleurdelisé, fil., tabis, tr. dor. (*Rel. anc.*). 100 fr.

Bel exemplaire aux armes du chancelier MAUPEOU.

2811. Alphand. Promenades de Paris, histoire, description des embellissements, dépenses de création et d'entretien des bois de Boulogne et de Vincennes, des Champs-Élysées, parcs, squares, boulevards et des promenades de la ville de Paris. *Paris, Rothschild* (1868-1873) ; 2 vol. in-fol., *en feuilles.* 110 fr.

80 gravures sur acier, 23 chromolithographies et 407 figures dans le texte.

2812. Analectes du Bibliophile. Recueil contenant : 1° diverses pièces curieuses anciennes et modernes ;

2º des analyses critiques et des extraits de diverses publications intéressantes anciennes et modernes ; 3º une correspondance, des mélanges philosophiques et littéraires, des anecdotes, etc. *Turin, Gay,* 1876 ; 3 vol. in-12, *brochés.*   20 fr.

PAPIER VERGÉ. Tiré à petit nombre.

2813. Anecdotes diverses des règnes de Louis XIV, Louis XV et Louis XVI, en vers, prose, lettres, mémoires, chansons et épigrammes, réunis par un écolier de quinze ans du collège du Plessis-Sorbonne. *Paris,* 1879 ; 2 tomes en 1 vol. in-12, chagr. rouge. tête dor., *non rogné.*   25 fr.

On trouve dans ce recueil nombre de pièces satiriques et autres, fort intéressantes.

2814. Angelo. L'École des Armes avec l'explication générale des principales attitudes et positions concernant l'Escrime, par M. Angelo. *A Londres, chez R. et J. Dodsley,* 1763 ; in-fol. oblong., veau (*Rel. anc.*).   250 fr.

ÉDITION ORIGINALE de ce beau traité d'escrime orné de 47 planches en taille-douce gravées par *Ryland, Elliot, Hall,* d'après les dessins de *J. Gwyn.*
Très bel exemplaire avec la liste des souscripteurs.

2815. Angelo. The Scholl of Fencing, with a general explanation of the principal attitudes and positions peculiar to the art, by Mr. Angelo. *London,* 1787 ; pet. in-4 obl., veau (*Rel. anc.*).   60 fr.

44 jolies planches, gravées en taille-douce, donnant 47 attitudes.

2816. Angelo (Henry). Reminiscences of Henry Angelo, with memoirs of his late father and friends, including numerous original anecdotes and curious traits of the most celebrated characters that have flourished during the last eighty years. *London, Henry Colburn,* 1828-1830 ; 2 vol. in-8, portr., veau granit.   35 fr.

Intéressants mémoires du fils du célèbre maître d'armes anglais.

2817. Annales poétiques ou almanach des Muses depuis l'origine de la poésie française, rédigée par Sautreau de Marsy et Imbert. *Paris,* 1778-1788 ; 40 vol. in-12, demi-rel. veau fauve.   60 fr.

Bel exemplaire.

2818. Anquetil. Vie du maréchal duc de Villars, écrite par lui-même et donnée au public par M. Anquetil. Seconde édition. *Paris, Bossange,* 1792 ; portr., broché. 12 fr.

2819. Antoine-Estienne (Frère). Remonstrance charitable aux dames et damoyselles de France sur les ornements dissolus. *Genève, Gay,* 1867 ; in-12, br.   6 fr.

Réimpression textuelle de l'édition de 1585. PAPIER DE HOLLANDE.

2820. Apologie des Dames appuyée sur l'histoire par M. de *** (Mme Galien, de Château-Thierry). *Paris, Didot,* 1737 ; in-12, veau, dos orné (*Rel. anc.*).   8 fr.

2821. Apologie pour l'ordre des Francs-Maçons, par Mr N***. *La Haye, Gosse,* 1785 ; in-8, front., demi-rel. veau.   8 fr.

Curieux frontispice en taille-douce.

2822. Apologie pour la France sur sa presseance contre l'Espagne, en Cour de France. *Paris, Fr. Noel,* 1651 ; in-4, veau fauve (*Rel. anc.*).   20 fr.

Aux armes de Paul de Beauvilliers, duc de SAINT-AIGNAN.

2823. Apulée. L'Ane d'or ou la métamorphose. Traduction de Savalète. Préface de J. Andrieux. Avec nombreuses gravures dessinées par A. Racinet et P. Bernard. *Paris, Firmin Didot,* 1872 ; in-8, fig., broché.   15 fr.

Charmante édition. Texte encadré, orné de très jolies figures gravées sur bois.

2824. Arago (Fr.). Œuvres complètes publiées d'après son ordre, sous la direction de J.-A. Barral. 12 vol. Astronomie populaire, par le même. 4 vol. — Table des Œuvres complètes. — *Paris, Gide et Baudry,* 1854-1862. Ens. 17 vol. gr. in-8, demi-rel. dos et coins de mar. rouge, tête dor., *non rognés (Belz-Niedrée.)*   130 fr.

Exemplaire sur GRAND PAPIER DE HOLLANDE, provenant de la bibliothèque de JULES JANIN.

2825. Aretino (Pietro). Les Ragionamenti ou Dialogues du divin

Et de Livres anciens et modernes

Pietro Aretino. Texte italien et traduction complète par le Traducteur des *Dialogues de Luisa Siega*. Avec une réduction du portrait de l'Arétin peint par Le Titien et gravé par Marc-Antoine. *Imprimé à cent exemplaires pour Isidore Liseux et ses amis. Paris*, 1882 ; 6 vol. pet. in-8, dos et coins de chagrin rouge, tête dor., *non rognés.*   150 fr.

> Les *Ragionamenti* ou *Dialogues* de Pietro Aretino sont traduits ici pour la première fois. Cette œuvre remarquable, dont tout le monde parle sans la connaître, n'a rien de commun avec les ordures débitées depuis trois siècles sous le nom d'*Arétin*.

2826. **Argensola**. Histoire de la conquête des isles Moluques par les espagnols, par les portugais et par les hollandois. Traduite de l'espagnol d'Argensola. *Amsterdam, Jacques Desbordes*, 1707 ; 3 vol. in-12, veau.   12 fr.

> La marge supérieure des titres a été légèrement rognée.

2827. **Ariaga** (Bonaventure). Almanach historique et prophétique pour l'année 1722, où l'on verra ce qui doit arriver d'heureux ou de malheureux dans le courant de cette année à la personne pour qui il est composé, supputé et calculé sur le méridien des influences tendres. *S. l. n. d.* (1722); in-8 de 56 pp., mar. brun, dent., doublé de mar. rouge, tr. dor. (*Rel. anc.*) 40 fr.

> Manuscrit fort bien calligraphié, exécuté au commencement du XVIII° siècle.
> Il renferme nombre de prophéties amoureuses, et a été illustré avec les planches sur cuivre de l'*Amour divin*.

2828. **Arioste**. Orlando furioso di Ludovico Ariosto. *In Parigi, appr. Fantin*, 1805 ; 4 vol. gr. in-4, demi-rel. dos et coins de mar. rouge, dos orné, *non rognés.*   150 fr.

> Portrait de l'Arioste dessiné par *Eisen*, gravé par *Fiquet*. et 46 figures par *Cipriani, Cochin, Eisen, Greuze, Monnet et Moreau.*
> Bel exemplaire en GRAND PAPIER VERGÉ, entièrement non rogné, dans sa reliure originale.

2829. **Armengaud**. Les Galeries publiques de l'Europe. Rome-Italie. *Paris, J. Claye et Ch. Lahure*, 1856-1862; 2 vol. gr. in-4, mar. bleu, dos orné, fil., tête dor., *non rognés*, fermoirs.   180 fr.

> Exemplaire sur PAPIER DE CHINE. Nombreuses figures et portraits dans le texte.

2830. **Art** (F) de vérifier les Dates des faits historiques, des chartes, des chroniques et autres monumens, depuis la naissance de Notre-Seigneur (par Doms d'Antine, Clémencet, Durand et Clément). Troisième édition. *Paris, Jombert*, 1783-1787 ; 3 vol. in-fol., veau granit, dos orné, fil. (*Rel. anc.*)   180 fr.

> Bel exemplaire de cette édition estimée.

2831. **Art-Journal** (the). *London, J. Virtue*, 1858-1875 ; 13 vol. in-4, pl., demi-rel. mar. vert, fil., tr. dor. (*Rel. angl.*)   100 fr.

> Années 1858 à 1866 et 1872 à 1875.

2832. **Artamof** (Piotre). La Russie historique, monumentale et pittoresque. *Paris, Lahure*, 1862 ; 2 vol. in-fol., demi-rel. mar. bleu, tête dor., *non rognés.*   35 fr.

> Texte illustré de très belles figures gravées sur bois.
> Piotre Artamof est le pseudonyme du comte Vladimir de la Fite de Pelleporc.

2833. **Arsenius**. Scholia græce in septem Euripidis tragœdias ex antiquis exemplarib. ab Arsenio archiepiscopo Monembasiæ collecta, nuncque demio multo quàm antea emendatiora in lucem édita. *Basileæ, per Joannem Hervagium*, 1544 ; in-8, veau fauve, comp. de fil., tr. dor. (*Rel. anc.*)   25 fr.

> Bel exemplaire aux armes de Jean BRINON DE VILLAINES et au chiffre de Florent CHRESTIEN, précepteur de Henri IV, avec sa devise *Espoir me tormente*.

2834. **Asselineau** (Charles). Le Paradis des Gens de Lettres, selon ce qui a été vu et entendu par Charles Asselineau, l'an du seigneur 1861. *Paris, Poulet-Malassis*, 1862 ; in-16, br.   10 fr.

> Petit volume rare, orné d'un frontispice à l'eau-forte.

2835. **Aubigné** (Agrippa d'). Les Avantures du baron de Fœnestre. Nouvelle édition augmentée de plusieurs remarques historiques, de l'histoire secrète de l'auteur, écrite par lui-même. *Amsterdam*, 1731 ; 2 vol. in-12; mar. La Vallière, tr. dor.   20 fr.

> Édition enrichie de notes par Le Duchat.

2836. **Aubigné** (Agrippa d'). L'Enfer, satire par Agrippa d'Aubigné, publiée pour la première fois d'après le manuscrit du recueil de Conrart, avec une notice, des éclaircissements et des corrections, par M. Ch. Read. *Paris, Jouaust,* 1873 ; in-12, mar. rouge, dos orné, fil., tête dor., éb.(*Courmont*). 20 fr.

Très jolie édition tirée à 15 exemplaires sur PAPIER DE CHINE.

2837. Audiger (G.). Souvenirs et anecdotes sur les Comités Révolutionnaires. 1793-1795. *Paris, Persan,* 1830 ; in-8, br. 3 fr.

2838. Avantures (Les) de l'infortuné florentin, ou l'histoire de Marco Mario Brufalini. Nouvelle édition accompagnée de figures, avec la guinguette du petit Gentilly. *Amsterdam, Pierre Mortier,* 1730 ; 2 tomes en 1 vol. in-12, demi-rel. dos et coins de mar. rouge, tr. dor. (*Petit-Simier*). 10 fr.

Édition ornée de jolies figures.

2839. Azeglio. LA REALE GALLERIA DI TORINO. Illustrata da Roberto, d'Azeglio. *Torino, Bassadona,* 1836-1844 ; 4 vol. in-fol. demi-rel. dos et coins de mar. chagrin vert, tête dor., *non rognés.* 400 fr.

Très bel exemplaire sur PAPIER VÉLIN contenant 165 planches AVANT LA LETTRE.

2840. Bacon (Pierre). Recherches sur les origines celtiques, principalement sur celles du Bugey, considéré comme berceau du delta celtique. *Paris, A. Bertrand,* 1808 ; 2 vol. in-8, br. 12 fr.

Portrait et figures en taille-douce.

2841. Banville (Théodore de). Les Camées parisiens. *Paris, René Pincebourde,* 1866; 2 vol. in-16, br. 5 fr.

Première et deuxième série. Portrait-frontispice à l'eau-forte.

2842. Barba (Jean-Nicolas). Souvenirs de Jean-Nicolas Barba, ancien libraire au Palais-Royal. *Paris, Ledoyen et Giret, 1846* ; in-8, portr., br. 8 fr.

Portraits de Pigault-Lebrun et de Barba en lithographie.

2843. Barbier (A.-A.). Dictionnaire des ouvrages anonymes et pseudonymes composés, traduits ou publiés en français et latin. Seconde édition revue et corrigée. *Paris, Barrois,* 1822-1827 ; 4 vol. in-8,

portr., demi-rel. dos et coins de mar. rouge, dos orné, tr. dor. (*Rel. anc.*) 50 fr.

Bel exemplaire en GRAND PAPIER VÉLIN.

2844. Barjaud et **Landon.** Description de Londres et de ses édifices, avec un précis historique et des observations sur le caractère de leur architecture, et sur les principaux objets d'art et de curiosité qu'ils renferment, par J.-B. Barjaud et C.-P. Landon. *Paris, Landon,* 1810 ; in-8, pl., veau, dos orné. 30 fr.

Plan de Londres en 1810, et 12 jolies figures représentant les monuments de cette capitale.
Bel exemplaire.

2845. Barre (P.). Histoire générale d'Allemagne. *Paris,* 1847 ; 11 vol. in-4, mar. olive, dos orné, fil., tr. dor. (*Rel. anc.*) 350 fr.

Exemplaire de dédicace, tiré sur GRAND PAPIER, aux armes de FRÉDÉRIC-AUGUSTE III, roi de Pologne.

2846. Barthélemy (Édouard de). Les Ducs et les duchés français, avant et depuis 1789. *Paris, Amyot,* 1867 ; in-8, br. 4 fr.

2847. Basan (F.). Catalogue raisonné des différens objets de curiosités dans les sciences et arts qui composoient le cabinet de feu M. Mariette, controleur général de la grande chancellerie de France. *Paris,* 1775 ; in-8, cart. 35 fr.

Frontispice de *C. N. Cochin,* gravé par *Choffard,* et titre par *Moreau le jeune.* — Prix d'adjudication et noms des acquéreurs.
On a relié à la suite : Catalogue d'estampes de la succession de M. Mariette, par Basan, 1775 — et Catalogue des Livres de M. Mariette. Ens. 2 vol. in-8. Prix mss.

2848. Basnage. Dissertation historique, sur les Duels et les ordres de chevalerie, par M. Basnage. Nouvelle édition, avec un discours préliminaire par Pierre Roques. *Basle, Jean Christ,* 1740 ; in-12, bas. 12 fr.

2849. Baudrillart. Histoire du luxe privé et public depuis l'antiquité jusqu'à nos jours, par H. Baudrillart. *Paris, Hachette,* 1878-1880 ; 4 vol. in-8, demi-rel. chagrin vert. 20 fr.

Ouvrage fort intéressant, donnant des

détails curieux sur les arts somptuaires, chez tous les peuples et à toutes les époques. .

2850. Bausset. Mémoires anecdotiques sur l'intérieur du Palais et sur quelques événemens de l'Empire depuis 1805 jusqu'au 1er mai 1814, pour servir à l'histoire de Napoléon. *Paris, Baudoin,* 1827-1829 ; 4 vol. in-8, cart., *non rognés.* 60 fr.

> Rares mémoires, ornés de 2 portraits de l'Empereur et de l'Impératrice Joséphine ; et de 120 fac-similés de signatures des personnages les plus marquants de l'époque.

2851. Bayle (Pierre). Dictionnaire historique et critique. Nouvelle édition augmentée. *Paris, Desoer,* 1820 ; 16 vol. in-8, demi-rel. mar. violet (*Corfmat*). 70 fr.

> Bon exemplaire.

2852. Beauchamps. Recherches sur les théâtres de France, depuis l'année 1161 jusqu'à présent, par M. (P.-F. Godard) de Beauchamps. *Paris, Prault,* 1735 ; 3 vol. pet. in-8, mar. vert, dos orné, fil., tr. dor. (*Rel. anc.*). 150 fr.

> Bel exemplaire aux armes de Béatrice de CHOISEUL, duchesse de GRAMMONT.

2853. Beauchamp (Alph. de). Mémoires secrets et inédits, pour servir à l'histoire contemporaine sur l'expédition d'Egypte, par Michiel de Niello Sargy ; sur l'expédition de Russie, par le comte de Beauvollier ; sur l'exil et l'infortune des princes de la Maison royale, recueillis et mis en ordre par M. Alph. de Beauchamp. *Paris, Vernarel et Tenon,* 1825 ; 2 vol. in-8, br. 10 fr.

2854. Beaufort (Jean de). Le Trésor des trésors de France, vollé à la Couronne, par les incognueues faussetez, artifices et suppositions commises par les principaux Officiers de France, decouvert et presenté au roy Louis XIII en l'assemblée des Etats Généraux tenus à Paris l'an 1615. *S. l.,* 1615 ; pet. in-8, demi-rel. veau fauve. 20 fr.

> Document fort curieux pour l'histoire financière au commencement du XVIIe siècle.

2855. Belgrand (Eug.). Les Travaux souterrains de Paris. Etudes préliminaires. La Seine — Les aqueducs romains — Les anciennes eaux — Les eaux nouvelles. *Paris, Dunod,* 1873-1882 ; 4 vol. in-8 de texte et 4 vol. in-fol. de planches, demi-rel.chagr. vert. 75 fr.

> 159 planches. Ouvrage publié à 195 francs.

2856. Bellin. Essai géographique sur les Isles britanniques, contenant une description de l'Angleterre, l'Ecosse et l'Irlande, tant pour la navigation des costes que pour la connoissance de l'intérieur du païs, par M. Bellin, ingénieur de la marine. *Paris, impr. de Didot,* 1757 ; in-4, veau marbré, dos orné, fil., tr. rouge (*Rel. anc.*). 20 fr.

> En-têtes, culs-de-lampe et encadrement de titre gravés par *Choffard.*
> Bel exemplaire grand de marge.

2857. Belloy. Mémoires historiques sur la maison de Coucy, sur la véritable aventure de la dame de Faïel, sur Eustache de S.-Pierre. *Paris, Delalain,* 1770. — Précis historique de la Maison impériale des Commènes (par Démétrius Commène). *Amsterdam,* 1784. Ens. 2 tomes en un vol. in-8, bas. 12 fr.

2858. Béranger. Œuvres complètes. Edition unique revue par l'auteur. *Paris, Perrotin,* 1834 ; 4 vol. in-8, demi-rel. dos et coins de mar. orange, dos orné. 70 fr.

> 104 vignettes de *Tony Johannot, Raffet, Bellanger, Grenier, Decamps,* etc. La suite des 8 figures libres s'y trouve.

2859. Béranger (J.-P. de). Chansons. *Paris, chez les marchands de nouveautés,* 1821 ; 2 tomes en un vol. in-18, demi-rel. chagr. 10 fr.

> ÉDITION ORIGINALE.

2860. Béranger. Œuvres complètes de P.-J. Béranger. Edition illustrée par J.-J. Grandville. *Paris, Fournier,* 1836-1837 ; 3 vol. in-8, portr. et fig., demi-rel. mar. rouge, tête dor., *non rognés.* 70 fr.

> Bel exemplaire contenant la suite des 120 figures d'après *Grandville,* et des 103 figures de *Johannot, Charlet,* etc.

2861. Berger de Xivrey. Recherches sur les Sources antiques de la Littérature française. *Paris, Crapelet,* 1829 ; in-4, br. 5 fr.

2862. Bernard (Louis). Chefs-d'œuvre de peinture du Musée du Lou-

Achat de Bibliothèques

vre. *Paris, Renouard,* 1879 ; in-4, br.   4 fr.

Figures sur bois.

2863. Béroalde de Verville. Le Moyen de Parvenir, œuvre contenant la raison de ce qui a esté, est et sera, par Béroalde de Verville. Nouvelle édition. *Paris, L. Willem,* 1870 ; in-8, mar. rouge, dos orné, fil., tr. dor. (*Fock*). 100 fr.

Portrait de l'auteur et figures sur bois. Bel exemplaire sur PAPIER DE CHINE, dans une jolie reliure.

2864. Bertall. La Comédie de notre temps. *Paris, E. Plon,* 1874-1876 ; 3 vol. in-4, br. (*Couv.*). 50 fr.

Texte et figures humoristiques : La civilité, les habitudes, les mœurs. — Les enfants, les jeunes, les mûrs, les vieux. — La vie hors de chez soi.

2865. Bertaut (Jean). Les Œuvres poétiques de M. Bertaut, évesque de Sees, abbé d'Aunay, premier aumosnier de la Royne. Dernière édition. Augmentées de plus de moitié outre les précédentes impressions. *Paris, Toussainct Du Bray,* 1620 ; in-8, mar. vert, dos orné, fil., tr. dor. (*Hardy*). 85 fr.

Cette édition est beaucoup plus complète que celles publiées précédemment ; elle renferme le Recueil de quelques vers amoureux du même poète. Très bel exemplaire.

2866. Berthoud. Traité des Horloges marines, contenant la théorie, la construction, la main d'œuvre de ces machines, et la manière de les éprouver, par M. Ferdinand Berthoud. *Paris, Musier fils,* 1773 ; in-4, pl., mar. rouge, dos orné, fil., tr. dor. (*Rel. anc.*). 100 fr.

Charmant en-tête de *Cochin,* vignette du titre et 27 planches gravées par *P.-P. Choffard.* Bel exemplaire aux armes de Louis-Philippe, duc d'ORLÉANS.

2867. — Le même. *Paris,* 1773 ; in-4, pl., mar. rouge, dos orné, fil., tr. dor. (*Rel. anc.*).   80 fr.

Bel exemplaire aux armes de l'abbé TERRAY, contrôleur général des finances.

2868. Bertin et **Maupillé.** Notice historique et statistique sur la baronie, la ville et l'arrondissement de Fougères. *Rennes,* 1846 ; in-8, br.   5 fr.

2869. Bible (La Sainte), contenant l'ancien et le nouveau Testament, traduite en françois sur la vulgate, par M. Le Maistre de Saci. *Paris, Defer de Maisonneuve,* 1789-1804 ; 12 vol. in-8, fig., cart., *non rognés.*   150 fr.

Bel exemplaire entièrement non rogné, contenant les 300 jolies figures de *Marillier.*

2870. Bible (La Sainte) en latin et en français, suivie d'un dictionnaire étymologique, géographique et archéologique (par A. F. Barbié du Bocage). *Paris, Lefèvre,* 1828-1834 ; 13 vol. in-8, fig., demi-rel. dos et coins de mar. brun, tête dor., *non rognés* (*David*). 250 fr.

Belle édition avec le texte latin imprimé au bas de chaque page ; le 13e volume est consacré à la chronologie, à la table analytique et au dictionnaire étymologique, géographique et archéologique. Bel exemplaire sur GRAND PAPIER VÉLIN, avec la suite des figures de *Devéria,* en double état : AVANT LA LETTRE et EAUX-FORTES.

2871. Bibliophile (Le) français. Gazette illustrée des amateurs de livres, d'estampes et de haute curiosité. *Paris, Bachelin-Deflorenne,* 1868-1873 ; 7 vol. gr. in-8, fig., demi-rel. dos et coins de mar. rouge, tête dor., *non rognés* (*Belz-Niedrée*).   120 fr.

Ouvrage fort intéressant, contenant de nombreuses reproductions de reliures, de fac-similés d'impression, et un grand nombre de portraits de bibliophiles et de bibliographes célèbres. Très bel exemplaire.

2872. Bibliothèque latine-française, ou traductions nouvelles des auteurs latins, publiée par C.-L.-F. Panckoucke. *Paris, Panckoucke,* 1826-1849 ; 211 vol. in-8, et 2 albums, cart., éb., *non rognés.*   450 fr.

Collection complète publiée en 2 séries : PREMIÈRE SÉRIE. — Prosateurs : *Tacite,* 7 vol. — *Tite-Live,* 17 vol. — *César,* 3 vol. — *Salluste,* 2 vol. — *Suétone,* 3 vol. — *Justin,* 2 vol. — *Quinte-Curce,* 3 vol. — *Florus,* 1 vol. — *Velleius Paterculus,* 1 vol. — *Cornelius Nepos,* 1 vol. — *Valerius Maxime,* 3 vol. — *Pline le jeune,* 3 vol. — *Petrone,* 2 vol. — *Apulée,* 4 vol. — *Pline le naturaliste,* 20 vol. — *Cicéron,* 36 vol. — *Quintilien,* 6 vol. — *Sénèque le philosophe,* 8 vol. — Poètes : *Virgile,* 4 vol. — *Horace,* 2 vol. — *Juvénal,* 2 vol. — *Perse, Turnus, Sulpicia,* 1 vol. — *Ovide,* 10 vol. — *Lucrèce,* 2 vol. — *Lucain,* 2 vol. — *Claudien,* 2 vol. — *Valerius Flaccus,* 1 vol. — *Stace,* 4 vol. — *Silius Italicus,* 3 vol. — *Plaute,* 9 vol. — *Térence,* 3 vol. — *Sénèque le tragique,* 3 vol. — *Phèdre,* 1 vol. — *Martial,* 4 vol. — *Pro-*

perce, 1 vol. — *Tibulle* et *P. Syrus*, 1 vol. — *Catulle* et *Gallus*, 1 vol.

DEUXIÈME SÉRIE. *Aulu-Gelle*, 3 vol. — *Sulpice Sevère*, 2 vol. — *Macrobe*, 3 vol. *Vitruve*, 2 vol. — *Ausone*, 2 vol. — *Columelle*, 3 vol. — *Festus*, 2 vol. — *Ecrivains de l'histoire d'Auguste*, 3 vol. — *Avienus* et *Rutilus*, 1 vol. — *Varron*, 1 vol. — *Sextus Julius*, 1 vol. — *Mela*, 1 vol. — *Eutrope*, 1 vol. — *Palladius*, 1 vol. — *Censorius*, 1 vol. — *Sextus* et *Aurelius Victor*, 1 vol. — *Lucilius*, 1 vol. — *Jornandès*, 1 vol. — *Solin*, 1 vol. — *Priscianas*, 1 vol. — *Poetes minores*. 1 vol.

Bel exemplaire très bien conservé dans son cartonnage d'éditeur.

2873. Bijoux (les) des Neuf Sœurs. Avec de jolies gravures. *Paris, Defer de Maisonneuve*, 1790 ; 2 vol. pet. in-12, veau vert. 35 fr.

Recueil de poésies par Piron, Piis, Chaulieu, Voltaire et autres.

2 frontispices et 4 figures par *Le Barbier*, gravés par *Gaucher*.

2874. Billaut (Adam). Les Chevilles de Mᵉ Adam, menuisier de Nevers. Seconde édition, augmentée par l'auteur. *Rouen, Jacques Cailloué et Jean Viret*, 1656 ; pet. in-8, veau fauve, dos orné, fil., tr. dor. 25 fr.

L'ouvrage de Maître Adam est précédé de l'« Approbation du Parnasse », odes, épigrammes, stances et sonnets, adressés à l'auteur par les beaux esprits de ce temps : Saint-Amant, Boisrobert, Scudéry, Corneille, Colletet, d'Alibray, Ragueneau le pâtissier, Monglas, etc., etc.

2875. Billaut (Adam). Le Vilebrequin de Mᵉ Adam, menuisier de Nevers. Contenant toutes sortes de poësies gallantes, tant en sonnets, epistres, epigrammes, elegies, madrigaux, que stances et autres pièces. *Paris, G. de Luyne*, 1663 ; pet. in-12, fauve, dos orné, dent., tr. dor. (*Bozérian*). 40 fr.

ÉDITION ORIGINALE.

2876. Blanc (Charles). Histoire des Peintres de toutes les écoles. *Paris, Renouard*, 1866-1875 ; 14 vol. in-4, cart., *non rognés*. 275 fr.

Bel exemplaire.

2877. Blanc (Ch.). L'Œuvre de Rembrandt. Catalogue raisonné de toutes les estampes du maître et de ses peintures. *Paris, Lévy*, 1873 ; 2 vol. pet. in-fol., demi-rel. dos et coins de mar. brun, tête dor., *non rognés*. 80 fr.

40 eaux-fortes par *Flameng*, et 35 héliogravures d'*Amand Durand*.

2878. Blondeau (Nic.) et **Noël** (Franç.). Glossarium eroticum latinum et gallicum. *Paris, Liseux*, 1885 ; in-8, *broché*. 25 fr.

PAPIER DE HOLLANDE.

Ce curieux livre, tiré d'un manuscrit inédit composé par Nicolas Blondeau au XVIIᵉ siècle, a été complété et augmenté de notes curieuses par François Noël. De plus une étude de près de 60 pages sur la langue érotique, par le traducteur de Forberg, donne un nouvel attrait à cet ouvrage.

2879. Blondel (François). Cours d'architecture, enseigné dans l'Académie royale d'architecture. *Paris, Roulland*, 1675 ; 3 vol. in-fol., fig., veau brun. 75 fr.

2880. Blondel. De la Distribution des Maisons de plaisance et de la décoration des édifices en général. *Paris, Jombert*, 1735 ; 2 vol. in-4, veau. 220 fr.

141 planches gravées. Bel ouvrage recherché pour les élégantes décorations d'intérieur qu'il renferme.

2881. Blondel. Recueil de plusieurs traitez de Mathémathique de l'Académie royale des Sciences. *Paris, Impr. Royale*, 1676 ; gr. in-fol., mar. rouge, fil. à comp., dent., tr. dor. (*Rel. anc.*). 280 fr.

Exemplaire aux armes de LOUIS XIV.

2882. Boaistuau (Pierre). Histoires prodigieuses extraictes de plusieurs fameux autheurs grecs et latins, sacrez et prophanes, divisées en deux tomes ; le premier mis en lumière par P. Boaisteau, surnommé Launay ; le second par Cl. de Tesserant, et augmenté de dix histoires par F. de Belle-forest Comingeois. Avec les portraits et figures. *A Paris, Gabriel Buon*, 1571 ; 2 tomes en 1 vol. in-16, vélin à recouvrements. 100 fr.

Édition illustrée de jolies petites figures sur bois délicatement gravées. Cet ouvrage donne un curieux résumé de toutes les histoires étranges et prodigieuses qui étaient alors répandues dans l'esprit public : signes du ciel, pluies de sang, inondations, cas de pathologie humaine et animale, monstruosités, etc.

2883. Boccace. Le Decameron de Jean Boccace (Traduction d'Ant. le Maçon). *Londres (Paris)*, 1757-1761 ; 5 vol. in-8, portr., front. et

Achat de Bibliothèques

fig., veau, dos orné, fil., tr. dor. (*Rel. anc.*). 300 fr.

5 frontispices, 1 portrait, 110 figures et 97 culs-de-lampe, par *Gravelot, Cochin, Boucher et Eisen.*
Très bel exemplaire grand de marges.

2884. Bodin (Jean). La Demonomanie des Sorciers, par J. Bodin, angevin. Reveue et corrigée. Edition dernière. *Paris, Estienne Prevosteau,* 1598 ; in-12, veau racine, dos orné, fil., tr. dor. (*Petit-Simier*). 35 fr.

Édition imprimée en jolis caractères par Etienne Prevosteau.
Très bel exemplaire.

2885. Boileau (Etienne). Les Métiers et corporations de la Ville de Paris. *Paris, Impr. Nationale,* 1879 ; in-4, cart. 12 fr.

Ouvrage important pour l'histoire de Paris, illustré de plusieurs fac-similés.

2886. Boileau (l'abbé Jacques). Histoire des Flagellans, où l'on fait voir le bon et le mauvais usage des flagellations parmi les chrétiens, par des preuves tirées de l'écriture sainte. Seconde édition revue et corrigée (par l'abbé J.-J. Granet). *Amsterdam, Henry du Sauzet,* 1732 ; in-12, veau fauve, dos orné, fil., tr. dor. (*Rel. anc.*). 10 fr.

Livre curieux composé en latin, dont le traducteur français est inconnu.
Bel exemplaire.

2887. Boileau fils. Monument Gambetta: Souscription et programme, commentaire du projet Aubé-Boileau et monographie. *Paris, A. Daly, s. d.;* in-fol. *en feuilles* dans un carton. 20 fr.

20 planches. Publié à 50 francs.

2888. Boileau-Despréaux. Œuvres diverses du sieur D*** (Despréaux), avec le Traité du sublime ou du merveilleux dans le discours, traduit du grec de Longin. *Paris, Denys Thierry,* 1674 ; in-4, front. et fig., mar. rouge, dos orné, fil., tr. dor. (*Trautz-Bauzonnet*). 160 fr.

PREMIÈRE ÉDITION sous le titre d'Œuvres : l'*Art Poétique* et le *Lutrin* (IV chants) paraissent ici pour la première fois.
Bel exemplaire avec les figures de *Chauveau.*

2889. Boileau-Despréaux. Œu-

vres. *Paris, Didot,* 1819 ; 2 vol. gr. in-fol., cart., *non rognés.* 45 fr.

Édition dite du Louvre.
Exemplaire en PAPIER VÉLIN, tiré à 125 exemplaires et ornée de 9 vignettes.

2890. Bonanni (Ph.) Ordinum religiosorum in ecclesia militanti Catalogus eorumque indumenta in iconibus expressa a P. Philippo Bonanni. *Romæ, G. Plachi,* 1722-1723 ; 3 vol. in-4, pl., basane. 200 fr.

Ouvrage estimé et curieux donnant, gravés sur cuivre, tous les costumes religieux de cette époque.
On y joint les deux autres ouvrages du même auteur formant le complément de celui-ci.
La Gerarchia ecclesiastica, Roma, 1720, in-4, — et *Catalogo degli ordini equestri militari,* Rome, 1724, in-4. Ensemble 5 volumes.
Ces trois ouvrages ont leur texte explicatif rédigé en latin et en italien et sont ornés en totalité de 650 planches.
Bel exemplaire.

2891. Bonaparte (Jacques). Sac de Rome, écrit en 1527, par Jacques Bonaparte, témoin oculaire. Traduction de l'italien par N. L. B. *Florence, impr. granducale,* 1830 ; in-8, br. 25 fr.

Rare et curieux volume dont la traduction est due à Napoléon-Louis Bonaparte, mort en 1831, frère aîné de Napoléon III.
Portrait et vignettes hors texte. — Couverture illustrée.

2892. Bonnetain (Paul). L'Extrême-Orient. *Paris, Quentin, s. d. ;* in-4, demi-rel. dos et coins de mar. rouge, dos orné, tête dor., *non rogné* (*Bretault*). 25 fr.

Bel et intéressant ouvrage sur nos possessions en Indo-Chine, illustré de nombreuses gravures sur bois et de cartes de ces régions.

2893. Bonne. Description géographique abrégée de la France. *Paris, impr. Butard,* 1764 ; in-16, veau. 40 fr.

Un des plus jolis atlas publiés au siècle dernier, comprenant un frontispice gravé par *de Longueil* d'après *Gravelot.* et 28 cartes, finement coloriées, des anciennes provinces de France.

2894. Boscowitz (Arnold). Les Volcans. *Paris, Paul Ducrocq., s. d. ;* in-8, br. 7 fr.

100 gravures sur bois.

2895. Bossuet Conférence avec M. Claude, ministre de Charenton, sur la matière de l'Eglise, par messire Jacques-Bénigne Bossuet. *Paris, Séb. Mabre-Cramoisy*, 1682; in-12, veau. 20 fr.

ÉDITION ORIGINALE.

2896. Bossuet. Œuvres complètes. *Paris, L. Vivès,* 1862-1866; 31 vol. in-8, portr., demi-rel. mar. rouge, tête dor., *non rognés.* 120 fr.

Bel exemplaire de cette édition publiée par Lachat.

2897. — Oraison funèbre de très-haut et très-puissant prince Louis de Bourbon, prince de Condé, premier prince du sang. Prononcée dans l'église de Nostre-Dame de Paris, le 10 jour de mars 1687. *Paris, Mabre-Cramoisy,* 1687; in-4. mar. rouge jans., tr. dor. *(Cuzin)*. 180 fr.

Bel exemplaire de l'ÉDITION ORIGINALE.

2898. Bouchet (Guill.). Premier (second et troisiesme) livre des Serées de Guillaume Bouchet, sieur de Brocourt. Reveu et augmenté par l'autheur en ceste dernière édition, presque de moitié. *Paris, Jérémie Perier,* 1608; 3 vol. in-12, mar. bleu, fil., dos orné, tr. dor. *(Trautz-Bauzonnet)*. 300 fr.

Bel exemplaire de cette édition, la première complète, la plus belle et la plus estimée des *Serées.*

2899. Bouchet (Guill.). Les Serées de Guillaume Bouchet, sieur de Broncourt, divisées en trois livres. Edition dernière augmentée et revue par l'auteur. *Lyon, Sim. Rigaud,* 1615; 3 tomes en 2 vol. pet. in-8, bas. 30 fr.

Bonne édition. Nom sur le titre et légère mouillure au tome Ier.

2900. Bouquet (Dom). Recueil des historiens des Gaules et de la France, accompagnés de sommaires, de tables et de notes, nouvelle édition publiée sous la direction de M. Léopold Delisle. *Paris, Palmé,* 1869-1880; 19 vol. in-fol., brochés. 300 fr.

2901. Bourassé. La Touraine. Histoire et monuments. *Tours, Mame,* 1855; in-fol., demi-rel. chagrin rouge, plats toile, tr. dor. 70 fr.

Très bel ouvrage orné de nombreuses figures dans le texte et hors texte.

2902. Bourgeois. Vues de Rome et des environs (*vers* 1805); 96 planches en un vol. in-fol., veau racine. 40 fr.

2903. Bourgoin. Les Éléments de l'Art arabe. Le trait des entrelacs. *Paris, Didot,* 1879; in-4, *en feuilles* dans un carton. 25 fr.

Ouvrage illustré de 200 planches, dont 10 en chromolithographie, et publié à 50 fr.

2904. Brabantia illustrata sive Castella et prætoria nobilium Brabantiæ, cœnobiaque celebriora ad vivum delineata. *Londini, apud Davidem Mortier, s. d. (vers* 1720); 2 part. en un vol. in-4 oblong, veau. 60 fr.

127 planches, par *Harrewyn, Erlinger,* etc. Vues des châteaux, monastères et autres monuments du Brabant.

2905. Brantôme. Mémoires de Messire Pierre de Bourdeille, seigneur de Brantôme, contenans les anecdotes de la cour de France sous les rois Henry II, François II, Henry III et IV, touchant les Duels. *Leyde, Jean Sambix,* 1722; pet. in-12, veau. 4 fr.

Ce volume complète les Œuvres de Brantôme publiées par les Elzévier. Haut. 132 mm.

2906. Brazier. Histoire des petits Théâtres de Paris, depuis leur origine. *Paris, Allardin,* 1838; 2 vol. in-16, br. 6 fr.

Taches.

2907. Bretagne. Liste de tous Nosseigneurs de la Chambre des Comptes de Bretagne depuis 1400 jusqu'en la présente année 1732. *A Nantes, chez N. Verger,* 1732; in-12, bas. 20 fr.

2908. Breton de la Martinière. La Chine en miniature ou choix de costumes, arts et métiers de cet Empire. *Paris, Nepven,* 1811-1812; 6 vol. in-12, veau, tr. dor. 35 fr.

102 figures très finement coloriées.

2909. Brézé (Louis de). Les Chasses de François Ier. *Paris, Aubry,* 1869; in-8, br. 4 fr.

PAPIER VERGÉ.

2910. Brianville (Oronce Finé de). Histoire sacrée en tableaux, pour Mgr le Dauphin. Avec leur explication suivant le texte de l'écriture, et quelques remarques chronologi-

Achat de Bibliothèques

ques. *Paris, Charles de Sercy,* 1693 ; 3 vol. in-12, veau.   50 fr.

Ouvrage illustré de charmantes et nombreuses figures de *Sébastien Le Clerc.*

2911. **Brillat-Savarin.** Essai historique et critique sur le Duel. *Paris, Caille et Ravier,* 1819 ; in-8, br.   8 fr.

Ouvrage rare.
Plusieurs pages ont été mal coupées.

2912. **Brocéliande,** ses chevaliers et quelques légendes, recherches publiées par l'éditeur, de plusieurs opuscules bretons (le baron Aimé-Marie-Rodolphe du Taya). *Rennes, Vatar,* 1839 ; in-8, br.   10 fr.

Grand papier vergé.

2913. **Brongniart** (Alex.). Traité des arts céramiques, ou des poteries considérées dans leur histoire, leur pratique et leur théorie, par Alex. Brongniart. Deuxième édition, revue par Alphonse Salvétat. *Paris, Bechet,* 1854 ; 2 vol. in-8 et un album in-4 oblong, demi-rel. mar. brun, tête dor., *non rognés (Belz-Niedrée).* 45 fr.

Bel exemplaire.

2914. **Brunet** (Gustave). La France littéraire au XV⁰ siècle, ou catalogue raisonné des ouvrages en tout genre imprimés en langue française jusqu'en l'an 1500. *Paris, A. Franck,* 1865 ; in-8, br.   6 fr.

2915. **Budget** (Le) de Henri III, ou les premiers Etats de Blois, comédie historique, précédée d'une dissertation sur la nature des guerres qu'on a qualifiées guerres de Religion dans le XVIe siècle (par le comte Rœderer). *Paris, Bossange,* 1830 ; in-8, br.   10 fr.

2916. **Bullet.** Mémoires sur la langue Celtique, contenant l'histoire de cette langue et l'indication des sources où l'on peut la trouver aujourd'hui ; une description étymologique des villes, rivières, montagnes, forêts, curiosités naturelles des Gaules ; un dictionnaire celtique, etc. *Besançon, Cl.-J. Daclin,* 1754-1759 ; 3 vol. in-fol., demi-rel. chagr. vert, dos orné.   60 fr.

Très bon ouvrage de linguistique, d'une très grande érudition. — Mouillure aux premiers ff. du tome 1ᵉʳ.

2917. **Bussy-Rabutin.** Discours du Comte de Bussy-Rabutin à ses enfans, sur le bon usage des adversitez et les divers événemens de sa vie. *Paris, Anisson,* 1694 ; in-12, veau.   15 fr.

Édition originale.

2918. **Buvard** du XVIIe siècle ; in-4, en maroquin rouge, orné d'une jolie dentelle à petits fers et d'une guirlande de fleurs dans chacun des angles (*Rel. anc.*).   150 fr.

Haut. 315 mm. ; larg. 250 mm.

2919. **Buvard** romantique ; in-4, en maroquin violet, orné de compartiments à froid et dorés, mosaïqués de mar. rouge, vert et citron, avec coins en bronze ciselé et doré. 250 fr.

Très belle pièce. Haut. 305 mm. ; larg. 225 mm.

2920. **Cabanel** (Alex.). Les Mois. Cartons des peintures de l'ancien Hôtel-de-Ville. *Paris, E. Testard, s. d.;* in-fol., en carton.   40 fr.

12 planches gravées au burin par *A. Jacquet,* tirées sur papier de Chine appliqué. Publié à 120 fr.

2921. **Cabinet** (Le) des Fées, ou collection choisie des contes des fées, et autres contes merveilleux, ornés de figures. *Genève et Paris,* 1787-1789 ; 41 vol. in-12, br. 45 fr.

120 jolies figures par *Marillier,* gravées par *Berthet, Biosse, Borgnet, Choffard, Dambrun, Delvaux, Fessard, Gaucher, de Ghendt, Halbou, de Longueil,* etc.

2922. **Cabinet** (Le) du Roy de France, dans lequel il y a trois perles précieuses d'inestimable valeur, par le moyen desquelles sa Majesté s'en va le premier monarque du monde, et ses sujets du tout soulagez. *S. l.,* 1581 ; pet. in-8, veau fauve, dos orné, fil., tr. dor.   35 fr.

Traité rare, contenant de curieux renseignements sur l'état de la France au XVIe siècle ; il a été attribué à Nicolas Barnaud et à Froumenteau.

2923. **Cabinet Satyrique** ou recueil parfait des vers piquants et gaillards de ce temps. Tiré des secrets cabinets des sieurs de Sigognes, Regnier, Motin, Berthelot, Maynard et autres des plus signalez poëtes de ce siècle. Seconde édition reveuë, corrigée et de beaucoup augmentée. *Paris, Antoine*

Et de Livres anciens et modernes

Estoc, 1620 ; in-12, front., mar. rouge, dos orné, fil., tr. dor. (*Hardy*).   75 fr.

> Édition avec une nouvelle préface et avec divers augmentations et retranchements modifiant la première impression de 1618.

2924. **Cadoudal** (Affaire). Acte d'accusation de Georges Cadoudal et de ses co-accusés, devant le tribunal criminel et spécial du département de la Seine. (*Paris*, 1804); in-8, br.   4 fr.

2925. **Cahier** et **Martin**. MONO-GRAPHIE DE LA CATHÉDRALE DE BOURGES. *Paris, Poussielgue-Rusand*, 1841; in-fol. max. *en feuilles* dans un carton.   500 fr.

> Exemplaire bien complet, illustré de 74 planches, la presque totalité en couleur. Rare.

2926. **Cahier** (le P. Ch.). Nouveaux mélanges d'Archéologie, d'histoire et de littérature sur le Moyen-âge. *Paris, Firmin-Didot*, 1874-1877; 4 vol. gr. in-4, br.   300 fr.

> Nombreuses illustrations dans le texte et hors texte ornant cet ouvrage estimé, dont l'érudition n'est plus à démontrer.

2927. **Callières**. De la Manière de négocier avec les souverains ou de l'utilité des négociations, du choix des ambassadeurs et des envoyés, et des qualités nécessaires pour réussir dans ces emplois. Nouvelle édition. *Ryswick*, 1757 ; 2 vol. in-12, demi-rel. dos et coins de mar. vert, dos orné, tête dor., *non rognés* (*Petit-Simier*).   15 fr.

> Bel exemplaire.

2928. **Campan** (Mme). Mémoires sur la vie privée de Marie-Antoinette, reine de France et de Navarre ; suivis de souvenirs et anecdotes historiques. Cinquième édition. *Paris, Baudouin*, 1823 ; 4 vol. in-12, portr., br.   15 fr.

2930. **Capoferro** (Ridolfo). Gran Simulacro dell' Arte e dell' uso della Scherma di Ridolfo Capoferro da Cagli. *Siena, appr. S. Marchetti e C. Turi*, 1610 ; in-4 oblong, vélin.   80 fr.

> Recueil de belles planches d'escrime, sans le texte, comprenant un portrait, un frontispice avec les armes du duc d'Urbin et 43 planches gravées sur cuivre par *Rafael Sciaminossi*. (La pl. 15 manque).

2931. **Cardera y Solano**. Iconografia española. Coleccion de retratos, estatuas, mansoléos y demas monumentos inéditos de reyes, reinas, grandes capitanes, escritores, etc., desde el siglo XI, hasta el XVII, copiados de los originales por D. Valentin Carderera y Solano. Con texto biografico y descriptivo, en español y francés, por el mismo autor. *Madrid, impr. de Don Ramon Campulano*, 1855-1864 ; 2 vol. in-fol., demi-rel. dos et coins veau, fil., tête dor.   170 fr.

> Nombreuses planches en lithographie.

2932. **Caricatures**. Raccolta di XXIV caricature designate colla penna dell celebre Cavalliere P. L. Ghezzi. *Dresde*, 1750 ; in-fol., demi-rel. chagrin rouge.   100 fr.

> On a réuni sous ce titre 35 caricatures de personnages italiens, gravées par *Oesterreich, Canale, Bombelli*, etc., d'après *Ghezzi, Internari*, etc., 13 dessins de même nature à la plume, et une suite : *Raccolta di diverse caricature delineate et incise da A. Van Westerhout.* Roma, 1765, titre et 12 pl. en largeur.

2933. **Garré de Montgeron**. La Vérité des Miracles opérés à l'intercession de M. de Pâris et autres appellans démontrée contre M. l'archevêque de Sens. *S. l.*, 1737 ; 4 vol. in-12, veau fauve, dos orné, tr. rouge (*Rel. anc.*)   18 fr.

> Figures en taille-douce représentant les principaux miracles.

2934. **Castel** (René-Richard-Louis). Les Plantes, poème. Nouvelle édition revue avec soin. *Paris, Deterville, (impr. Jules Didot)*, 1823 ; in-8, veau gris, dos orné, dent. et milieux à froid, tr. dor. (*Thouvenin*).   15 fr.

> Exemplaire ayant appartenu au comte Louis de Chevigné.

2935. **Castermans** (A.). Parallèle des maisons de Bruxelles. *Paris, Noblet, s. d.* ; 2 vol. in-fol., fig., demi-rel. chagr. vert.   45 fr.

> 237 planches.

2936. **Catalogue** des livres imprimés et manuscrits de M. le Comte de PONT DE VESLE, divisé en deux parties, dont la première contient une collection presque universelle

Achat de Bibliothèques

de pièces de Théâtre. *Paris, Le Clerc*, 1774; in-8, veau fauve. 20 fr.

La première partie de cette collection fut vendue à l'amiable 15000 fr. au duc d'Orléans. La seconde, dispersée en vente publique ; les prix d'adjudication sont indiqués à la marge.

2937. **Catalogue** des Livres du cabinet de feu M. RANDON DE BOISSET, receveur général des Finances, dont la vente se fera le 3 février 1777. *Paris, de Bure*, 1777 ; in-12, bas. (*Rel. anc.*). 10 fr.

1450 articles, avec table alphabétique des auteurs, et prix manuscrits d'adjudication.

2938. **Catalogue** raisonné d'un choix précieux de dessins, et d'une nombreuse et riche collection d'estampes anciennes et modernes, livres à figures, tableaux, qui composaient le cabinet de feu Pierre-François BASAN père, par L.-F. Regnault. *Paris, l'auteur, an VI* (1798) ; in-8, front., demi-rel. dos et coins de mar. brun, tête dor., *non rogné*. 35 fr.

Frontispice et en-tête avec portrait de Basan, par *Choffard*.

2939. **Catalogue** des Tableaux et Dessins précieux des maîtres célèbres des trois Ecoles, figures de marbre, de bronze, de terre cuite et autres objets du cabinet de feu M. RANDON DE BOISSET, rédigé par Pierre Remy. *Paris, Musier,* 1777; in-12, demi-rel. dos et coins de mar. rouge, *non rogné* (*David*) 25 fr.

Avec les prix manuscrits.

2940. **Catalogus** librorum bibliothecæ Caroli Henrici comitis de HOYM. Digestus et descriptus à Gabriel Martin. *Parisiis, apud G. et Cl. Martin,* 1738 ; in-8, veau, dos orné (*Rel. anc.*) 30 fr.

Célèbre bibliothèque composée de 4862 numéros. Table des auteurs et prix manuscrits d'adjudication.

2941. **Causes** (Des) et des remèdes de l'amour, considéré comme maladie, par J. F., médecin anglais. *Londres et Paris, Costard,* 1773 ; in-12, bas. 4 fr.

2942. **Cavaniol.** Les Monuments en Chaldée, en Assyrie et à Babylone d'après les récentes découvertes archéologiques. *Paris, Durand,* 1870 ; in-8, br. 4 fr.

2943. **Cent Nouvelles Nouvelles** (Les) contenant les cent histoires nouveaux qui sont moult plaisans à raconter en toutes bonnes compagnies, par manière de joyeuseté. *Cologne, Pierre Gaillard (Hollande)* 1701 ; 2 vol. pet. in-8, front. et fig., veau fauve, dos orné, tr. dor. (*Rel. anc.*) 70 fr.

Bel exemplaire contenant les figures de *Romain de Hooghe*, tirées hors texte.

2944. **Cérémonial** de l'Empire français, contenant les honneurs civils et militaires ; les grands et petits costumes ; et uniformes des autorités ; les fonctions et attributions ; ce qui a rapport aux cérémonies publiques, les rangs et places, etc., par L.-I. P***. *Paris,* 1805 ; in-8, demi-rel. bas. 16 fr.

Portraits en pied et coloriés de l'Empereur, de l'Impératrice et du Pape, par *Rhoen*, gravés par *Delaunay*.

2945. **Cérémonies** des gages de Bataille, selon les constitutions du bon roi Philippe de France, représentées en 11 figures. *Paris, Impr. Crapelet,* 1830 ; gr. in-8, br. 10 fr.

De la collection Crapelet.

2946. **Cervantès.** El Ingenioso hidalgo don Quixote de la Mancha, compuesto por Miguel de Cervantes Saavedra. Nueva edicion, corregida por la real Academia española. *Madrid, Ibarra,* 1780; 4 vol. in-4, veau, dos orné, tr. dor. (*Rel. anc.*) 140 fr.

Bel exemplaire de cette édition, chef-d'œuvre de la typographie espagnole, orné de 4 frontispices, du portrait de Cervantès et de 31 figures, AVANT LA LETTRE, de *Carnicero, del Castillo, Barranco, Arnal, Ferro*, etc. Nombreux culs-de-lampe et vignettes en-têtes.

2947. **Champfleury.** Histoire des Faïences patriotiques de la Révolution. *Paris, Dentu,* 1867 ; in-8, demi-rel. chagrin vert, tête dor., *non rogné* (*Champs*). 15 fr.

Figures dans le texte et hors texte.

2948. **Chanson** de Raoul sire de Crequy. Monument de la langue artésienne au XIVᵉ siècle, publié d'après un ms. *Douai, impr. Wagrez,* 1836 ; in-8, demi-rel. dos et coins de cuir de Russie, tête dor., *non rogné.* 12 fr.

Rare. Tiré à 25 exemplaires. On a relié à la suite : *Complainte ou élégie romane sur la mort d'Enguerrand*

Et de Livres anciens et modernes

de Crequi, publiée par Ed. Le Glay. Paris, 1834 (tirage à 60 ex.). — *Lieder Guillemus IX.* Tubingen, 1848. — *Le Pas de Salhadin, pièce historique en vers*, publiée par Trébutien. Paris, 1836.

2949. Chantreau le Febvre. Question historique, si les provinces de l'ancien royaume de Lorraine doivent estre appellées terres de l'Empire. *Paris, Math. Guillemot,* 1644 ; in-8, veau.   10 fr.

2950. Chanzy (Général). La Deuxième armée de la Loire. *Paris, Henri Plon,* 1871 ; in-8 et atlas in-fol., br.   5 fr.

2951. Chappuys (Gabriel). L'Estat, description et gouvernement des royaumes et républiques du monde, tant anciennes que modernes comprises en XXIIII livres, contenant divers reiglemens, ordonnances, loix, coustumes, offices, magistrats et autres choses, par Gabriel Chappuy, tourangeau. *Paris, Pierre Cavellat,* 1585 ; in-fol., vélin, fil. (*Rel. anc.*)   100 fr.

> Très bel exemplaire.

2952. Chartier (Alain). Les Œuvres de maistre Alain Chartier, contenans l'histoire de son temps, l'esperance, le curial, le quadrilogue et autres pièces toutes nouvellement réunies, corrigées et de beaucoup augmentées sur les exemplaires écrits à la main, par André Duchesne. *Paris, Thiboust,* 1617 ; in-4, veau gris, dos orné, tr. rouge.   40 fr.

> Édition préférable aux précédentes pour la correction du texte.

2953. Chateaubriant. Mémoires de Messire Jean de Laval, Comte de Chateaubriant, écrits par lui-même en 1538, et publiés pour la première fois. (*Genève, Gay*), 1868; pet. in-12, demi-rel. dos et coins de mar. bleu, dos orné, tr. dor. 8 fr.

> De la collection des *Gayetés françaises.* Tiré à 100 exemplaires sur PAPIER VERGÉ.

2954. Chaussard. Jeanne d'Arc. Recueil historique et complet. *Orléans, Darnault-Maurant,* 1806 ; 2 tomes en un vol. in-8, fig., bas.   12 fr.

> Cet ouvrage est rédigé d'après les documents des archives de France.

2955. Chauveau. Vie de Charles-Melchior-Artus, marquis de Bonchamps, général vendéen. *Paris, Bleuet,* 1817 ; in-8, br.   6 fr.

> Légères mouillures. Le portrait manque.

2956. Chevillard (Jacques). Chronologie des Rois de France depuis Faramond jusqu'à présent (Louis XIV). *Paris, Chevillard, s. d.;* une feuille in-plano, montée sur toile.   50 fr.

> Blasons, gravés en taille-douce, de tous les rois et reines de France depuis l'origine de la monarchie jusqu'à Louis XIV. Rare.

2957. Chevillard. Empereurs et Impératrices d'Occident. *Paris, Chevillard,* (vers 1720); pet. in-fol., cart.   25 fr.

> Recueil des armoiries, gravées en taille-douce, montées sur feuillets, de tous les empereurs et impératrices d'Allemagne depuis Charlemagne (800) jusqu'à Charles VI (1711).

2958. Choderlos de Laclos. Les Liaisons dangereuses. Lettres recueillies dans une société et publiées pour l'instruction de quelques autres. *Paris, Pelafol,* 1820 ; 4 vol. in-12, br.   30 fr.

> 4 figures dessinées par *Canu*. Rare.

2959. Choix de Fabliaux, mis en vers (par Barth. Imbert). *Genève et Paris, Prault,* 1788 ; 2 vol. pet. in-12, 2 front., veau, dos orné, dent., tr. dor. (*Rel. anc.*) 10 fr.

> Jolie petite édition.

2960. Claesen. Motifs de Décoration extérieure et intérieure appliqués aux édifices publics comme aux habitations particulières. *Liège et Leipzig, Claesen, s. d.;* in-fol., fig., demi-rel. dos et coins de chagr. bleu, tête dor., *non rogné.* 40 fr.

2961. Clairambault-Maurepas (Recueil). Chansonnier historique du XVIIIe siècle. Publié avec introduction, commentaire, notes et index par Emile Raunié. *Paris, Quantin,* 1879-1884 ; 10 vol. pet. in-8, br.   35 fr.

> PAPIER VERGÉ. Portraits à l'eau-forte par *Rousselle.*

2962. Claretie (Jules). La Canne de M. Michelet. Promenades et Souvenirs. Préface par Alfred Mé-

Achat de Bibliothèques

zières. Douze compositions de P. Jazet, gravées à l'eau-forte, par H. Toussaint. *Paris, L. Conquet,* 1886; in-8, *broché.*   300 fr.

L'un des 150 exemplaires tirés sur GRAND PAPIER DU JAPON, avec la suite des épreuves en double état : AVANT et avec la lettres, orné, en outre, de 24 superbes aquarelles originales de *Sta.*

2963. Claretie (**J.**). Le Drapeau. *Paris, Calmann Lévy,* 1886 ; in-8, demi-rel. dos et coins de mar. brun, dos orné, tête dor., *non rogné. (Bretault).*   250 fr.

Édition tirée à 225 exemplaires numérotés, illustrée de 13 vignettes de *Kauffmann.*

14 charmantes aquarelles originales ont été peintes dans les marges par *Sergent.*

2964. Claretie (**J.**). Le Drapeau. *Paris, C. Lévy,* 1886 ; petit in-8, *broché.*   100 fr.

Frontispice et vignettes par *Kauffmann.* Édition tirée à 225 exemplaires sur PAPIER VÉLIN DU MARAIS.

2965. Clarke (Mary-Anne). Les Princes rivaux, ou mémoires de mistress Mary-Anne Clarke, favorite du duc d'York, écrits par elle-même, où l'auteur dévoile le secret des intrigues du duc de Kent contre le duc d'York son frère. Traduits de l'anglais (par Dauxion-Lavaisse). *Paris, Buisson,* 1813 ; in-8, portr., br.   8 fr.

2966. Clef d'Amour (La). Poème publié d'après un manuscrit du XIVᵉ siècle par Edwin Tross. *Lyon, Perrin,* 1866 ; in-8, br.   4 fr.

Texte encadré d'un filet rouge. PAPIER VERGÉ.

2967. Clément (Nicolas). Les Roys et ducs d'Austrasie depuis Théodoric Iᵉʳ, fils aîné de Clovis jusque à Henry de Lorraine II, à présent régnant, faict par Nicolas Clément, traduict par François Guibaudet Dijonnois. *Epinal, Pierre Houjon,* 1617 ; pet. in-4, bas.   25 fr.

Portraits gravés sur bois.

2968. Cléry. Journal de ce qui s'est passé à la tour du Temple pendant la captivité de Louis XVI, roi de France. *Londres, l'auteur,* 1798 ; in-8, pl., br.   12 fr.

Vue et plan de la tour du Temple. Rare.

2969. Clochar (**P.**). Palais, maisons et vues d'Italie, mesurés et dessinés par P. Clochar, architecte. *Paris,* 1809 ; in-fol., demi-rel. dos et coins de veau vert.   35 fr.

102 planches gravées au trait.

2970. Cohen (Henry). Guide de l'Amateur de Livres à figures et à vignettes du XVIIIᵉ siècle. *Paris, P. Rouquette,* 1876 ; in-8, br. 10 fr.

Troisième édition refondue par Ch. Mehl. PAPIER VERGÉ.

2971. Cohen (H.). Guide de l'Amateur de Livres à vignettes et à figures du XVIIIᵉ siècle. *Paris, P. Rouquette,* 1880 ; in-8, br.   12 fr.

Quatrième édition. PAPIER VÉLIN.

2972. Colonna (Francesco). Songe de Poliphile, traduction libre de l'italien par J.-G. Legrand. *Paris, impr. de P. Didot l'aîné,* 1804 ; 2 vol. in-12, demi-rel. veau vert, dos orné, *non rognés.*   10 fr.

Bel exemplaire de ce livre tiré à petit nombre sur GRAND PAPIER VÉLIN.

2973. Condé (Louis, prince de). Mémoires de Condé, ou recueil pour servir à l'histoire de France, contenant ce qui s'est passé de plus mémorable dans ce royaume sous les règnes de François II et Charles IX. Nouvelle édition. *Londres, Claude du Bosse,* 1740 ; 6 vol. in-12, titres gravés, veau fauve, dos orné, tr. rouge (*Rel. anc.*) 30 fr.

Nouvelle édition du « Recueil des choses mémorables » connu sous le titre de petits Mémoires de Condé.

2974. Conjuration (la) de Conchine. *Paris, Pierre Rocolet,* 1618 ; pet. in-8, veau fauve, dos orné (*Rel. anc.*)   25 fr.

Attribué à Pierre Mathieu, par le cat. Leber (ce qui paraît le plus plausible), et à Michel Thevenin par le P. Lelong.

Exemplaire aux armes de Auguste-Léon BULLION, marquis de BONNELLES, grand prieur de l'ordre de Malte.

2975. Corneille. Le Théâtre de P. Corneille, reveu et corrigé par l'auteur. *Imprimé à Rouen, et se vend à Paris, chez Aug. Courbé et Guill. de Luynes,* 1660-1666 ; 4 vol. in-8, front. et fig., mar. rouge, dos orné, fil., tr. dor. (*Rel. anc.*) 250 fr.

Importante édition contenant les *Discours* et les *Examens* qui paraissent pour la première fois.

Les tomes I et II appartiennent à l'édition de 1660, le tome III à celle de 1664 (réimpression textuelle de 1660 avec adjonction de la *Toison d'or*, et le tome IV à la date de 1666, contenant les trois tragédies de *Sertorius*, *Sophonisbe* et *Othon*.

Bel exemplaire contenant la suite complète des frontispices et des figures de *Spirinx*. Le 4ᵉ volume renferme également la IIIᵉ partie des *Poèmes dramatiques de Thomas Corneille*, 1666, avec 4 figures du même artiste.

2976. Corneille (Pierre). Le Théâtre de P. Corneille, reveu et corrigé par l'auteur. *Imprimé à Rouen, et se vend à Paris, chez Th. Jolly*, 1664; 2 vol. in-fol., portr. et front. gravés, mar. rouge, dos orné, fil., comp. tr. dor. **300 fr.**

Édition dont le texte a été revu par Corneille pour la 3ᵉ fois. Exemplaire provenant de la bibliothèque de M. A. DIDOT. Très bel exemplaire avec témoins.

2977. Corréard et Savigny. Naufrage de la frégate la Méduse, faisant partie de l'expédition du Sénégal en 1816; relation contenant les événemens qui ont eu lieu sur le Radeau, dans le désert de Sahara, à Saint-Louis et au camp de Daccard, par Alexandre Corréard et J.-B. Henri Savigny, tous deux naufragés du radeau. Seconde édition. *Paris, Emery,* 1818; in-8, br. **15 fr.**

Portrait en couleur du roi Zaïde et plan du radeau.
Ouvrage rare relatant toutes les péripéties de ce célèbre et terrible naufrage.

2978. Costume du Moyen - Age d'après les manuscrits, les peintures et les monuments contemporains (par Van Beveren du Pressoir). *Bruxelles,* 1847; 2 vol. in-8, demi-rel. chagr. La Vallière. 50 fr.

148 planches de costumes et de coiffures finement coloriées.

2979. Costumes des Representans du peuple, membres des deux conseils, du Directoire exécutif, des ministres, et autres fonctionnaires, dont les dessius ont été confiés au citoyen Grasset S. Sauveur, gravées par le cit. Labrousse. *Paris, Deroy,* 1796; in-8, br. **20 fr.**

Frontispice et 15 figures en taille-douce coloriées avec texte explicatif. — Mouillures.

2980. Courrier breton (Le). (Attribué à Bonestat et à Montlyard). *S. l.,* 1626; in-8 de 30 pp. et 1 f. blanc. — La Vérité avec son conseil secret. *S. l. n. d.;* in-8 de 48 pp.

Ens. 2 ouvrages en 1 vol. pet. in-8, veau fauve. (*Rel. anc.*). **100 fr.**

Pièces très rares. La première est dirigée contre les jésuites à propos de la mort de Henri IV.

2981. Crébillon fils. Le Sopha, conte moral. (Par C.-P. Jolyot de Crébillon le fils). *A Gaznah, de l'impr. du très pieux, très clément et très auguste sultan des Indes, l'an de l'hégire* 1120; 2 vol. in-12, veau. **20 fr.**

Très rare édition.

2982. Croy (Duc de). Mémoires du duc de Croy sur les Cours de Louis XV et de Louis XVI, publiés par M. le vicomte de Grouchy. *Paris* (1897); in-18, br. **12 fr.**

2983. Culte (Du) des Dieux fétiches, ou parallèle de l'ancienne religion de l'Egypte avec la religion actuelle de Nigritie (par Ch. de Brosses). (*Paris*), 1760; in-12, cart., *non rogné.* **10 fr.**

Bel exemplaire.

2984. Danet. L'Art des Armes, ou la manière la plus certaine de se servir utilement de l'épée, soit pour attaquer, soit pour se défendre. *Paris, Hérissant,* 1766; in-8, demi-rel. mar. vert, tête dor., *non rogné.* **40 fr.**

Portrait, frontispice et 33 planches par *Vaxcillière*, gravées par *Taraval.* — Taches à plusieurs ff.

2985. Daviler. Cours d'Architecture qui comprend les ordres de Vignole, avec des commentaires, les figures et les descriptions de ses plus beaux bâtimens et de ceux de Michel-Ange, etc., par le sieur C. A. d'Aviler, architecte. Nouvelle édition enrichie de nouvelles planches. Revue et augmentée par Pierre-Jean Mariette. *Paris, Ch.-Ant. Jombert,* 1760; in-4, pl., veau (*Rel. anc.*). **55 fr.**

Ouvrage illustré de plus de 100 planches de modèles de décoration des époques Louis XIV et Louis XV.

2986. Davity. Les Travaux sans travail de Pierre Davity de Tournon en Viveroys, avec le Tumbeau de madame la duchesse de Beaufort. Reveu et corrigé de nouveau. *A Lyon, par Thibaut Ancelin,* 1601; in-12 de 12 ff. prélimin. et

192 ff. (dont le dernier blanc), vélin. fil. et milieu dorés, tr. dor. (*Rel. anc.*)   50 fr.

ÉDITION ORIGINALE inconnue à Brunet, qui ne cite que l'édition de Paris, 1602.

2987. Decloux et Doury. Histoire archéologique, descriptive et graphique de la Sainte-Chapelle du Palais. Rédigée, dessinée, peinte et publiée par Decloux et Doury. *Paris, impr. Félix Maltesle*, 1857 ; pet. in-fol., chagrin vert, dos orné, comp. dor. et à froid, tr. dor. 50 fr.

Belle monographie ornée de 25 planches, dont 20 en chromolithographie.

2988. Decremps. La Magie blanche dévoilée, ou explication des tours surprenants qui font depuis peu l'admiration de la capitale et de la province. *Paris, Langlois*, 1784 ; in-8, br.   8 fr.

Joli frontispice gravé par *Hemery* d'après *Queverdo*. — Déchirure au dernier feuillet.

2989. Délices (Les) de la Poésie galante, des plus célèbres autheurs du temps. *Paris, Jean Ribou*, 1666 ; in-12, front., cart.   25 fr.

Recueil intéressant renfermant des poésies légères par l'abbé de Pure, Le Clerc, Boyer, Somaize, Du Val, Brebeuf, etc. On y trouve les 5 stances de Boileau sur l'Ecole des Femmes qui furent modifiées depuis.

2990. Demandes (Les) faites par le roi Charles VI touchant son état et le gouvernement de sa personne, avec les réponses de Pierre Salmon, publiées avec des notes historiques. *Paris, impr. de Crapelet*, 1833 ; gr. in-8, cart., *non rogné*.   10 fr.

Dix planches et fac-similé en noir, reproduits d'après les manuscrits de la Bibliothèque du Roi. De la collection Crapelet.

2991. Denne Baron. Héro et Léandre, poëme en quatre chants, suivi de poésies diverses. Deuxième édition. *Paris, Le Normant*, 1806 ; in-12, fig., cart., *non rogné.* 7 fr.

Imprimé sur papier vélin par P. Didot l'aîné. — Envoi d'auteur.

2992. Dénonciation au public du voyage d'un soi-disant Figaro (le marquis de Langle) en Espagne, par le véritable Figaro (le comte d'Aranda). *Londres et Paris*, 1785 ; in-12, cart., *non rogné.*   5 fr.

2993. Denon (Vivant). Voyage dans la basse et haute Egypte pendant les campagnes du général Bonaparte. Nouvelle édition augmentée d'une notice sur l'auteur par M. P.-F. Tissot. *Paris, Henri Gaugain*, 1829 ; 2 vol. in-8 et 1 vol. gr. in-fol., demi-rel. dos et coins de mar. rouge, dos orné, *non rognés.* (*Martin*).   150 fr.

Portrait et 141 planches tirées sur Chine. — Très bel exemplaire.

2994. Depping (G.-B.). L'Angleterre ou description historique et topographique du royaume uni de la Grande-Bretagne. *Paris, E. Ledoux*, 1824 ; 6 vol. in-12, cart., *non rognés.*   25 fr.

75 figures en taille-douce.

2995. Description de l'Egypte, ou Recueil des observations et des recherches qui ont été faites en Egypte pendant l'expédition de l'armée française, seconde édition publiée par Panckoucke. *Paris, Panckoucke*, 1821-1829 ; 24 tomes en 26 vol. in-8 et 11 vol. in-fol. de planches, demi-rel. veau bleu. 350 fr.

Les volumes de planches se répartissent ainsi : Antiquités, 5 vol. — Atlas géographique, 1 vol. — Etat moderne, 2 vol. — Histoire naturelle, 3 vol. Exemplaire bien complet.

2996. Description des fêtes données par la ville de Paris à l'occasion du mariage de Madame Louise-Elisabeth de France et de Dom Philippe, Infant et grand amiral d'Espagne, les vingt-neuvième et trentième août mil sept cent trente-neuf. *Paris, de l'impr. de P.-G. Le Mercier*, 1740 ; gr. in-fol., fig., mar. rouge, dos orné, dent., tr. dor. (*Rel. anc.*)   220 fr.

Sur le titre une très belle vignette représentant les armes de la ville de Paris, soutenues par des amours, dessinée par *Bouchardon*. gravée par *Soubeyran*, 13 pl. dont 8 doubles. dessinées et gravées par *Blondel*. 22 pp. de texte, avec une jolie vignette dessinée et gravée par *Rigaud*. Exemplaire aux armes de la VILLE DE PARIS.

2997. — La même. *Paris*, 1740 ; gr. in-fol., veau, tr. dor.   80 fr.

Exemplaire aux armes de la VILLE DE PARIS.

Et de Livres anciens et modernes

2998. Desgraviers (Auguste). Le Parfait Chasseur, traité général de toutes les chasses, avec un appendice des meilleurs remèdes pour la guérison des accidens et maladies des chevaux de chasse et des chiens courans. *Paris, Demonville,* 1810; n-8, bas.   15 fr.

Planches et musique des tons de chasse, gravées sur cuivre.

2999. Des Périers (Bonaventure). Les Contes ou les nouvelles recreations et joyeux devis de Bonaventure Des Periers. Nouvelle édition augmentée et corrigée, avec des notes historiques et critiques par M. de la Monnoye. *Amsterdam, (Paris), Z. Chatelain,* 1735; 3 vol. in-12, mar. vert, dos orné, fil., tr. dor. (*Capé*).   150 fr.

La plupart des exemplaires de cette édition eurent à subir des retranchements et des modifications dans les notes rédigées par Bernard de La Monnoye. Celui-ci est un de ceux qui échappèrent aux ciseaux du censeur. (Voyez Brunet, II, 643). Très rare.

3000. Des Périers (B.). Les Contes ou les nouvelles récréations et joyeux devis. Nouvelle édition augmentée et corrigée, avec des notes historiques et critiques par M. de la Monnoye. *Amsterdam, (Paris), Chatelain,* 1735 ; 3 vol. in-12, veau fauve, dos orné, fil., tr. dor. (*Rel. anc.*)   50 fr.

Bel exemplaire aux armes du duc d'Aumont.

3001. Desportes (Philippe). Cent psaumes de David, mis en vers françois par Philippe Desportes, abbé de Thiron, avec quelques cantiques de la Bible et autres œuvres chrétiennes et prières. *Paris, Mamert Patisson,* 1598; pet. in-8, réglé, veau fauve, dos orné, fil., tr. marbr.   25 fr.

Bel exemplaire.

3002. Detaille (Ed.). Types et uniformes de l'armée française. Texte par J. Richard. *Paris, Boussod et Valadon,* 1885-1889 ; 16 livraisons in-fol.   450 fr.

Magnifique publication de grand luxe ornée de très belles illustrations par *E. Detaille,* comprenant 64 estampes hors texte, tirées en couleurs et de nombreuses figures dans le texte.

3003. Deyeux. Le Vieux Chasseur, ou traité de la chasse au fusil. *Paris, Vve Bouchard-Huzard,* 1844 ; in-16, br.   8 fr.

55 gravures sur acier.

3004. Diane de Castro. (Par Huet, évêque d'Avranches). *Paris, Vve Coustelier,* 1728 ; in-12, veau fauve.   7 fr.

Aux armes de BERNARD DE BOULAIN-VILLIERS.

3005. Dictionnaire des Ennoblissemens, ou recueil des lettres de noblesse depuis leur origine, tiré de la Chambre des comptes et de la Cour des aides. *Paris, au palais Marchand,* 1788; 2 tomes en un vol. in-8, bas.   35 fr.

Ouvrage très rare.

3006. Dignitez (Des), magistrats et officiers du royaume de France (par Vincent de la Loupe). *Paris, Guill. le Noir,* 1553; in-4, demi-rel. veau.   25 fr.

Avec le commentaire latin de l'auteur sur les deux livres. Rare.

3007. Dorleans. Les Observations de diverses choses remarquées sur l'Estat, couronne et peuple de France, tant ancien que moderne, recueillies de plusieurs autheurs, Regnault Dorleans, sieur de Since. *Vennes* (sic pour *Vannes*), 1597 ; pet. in-4, veau.   25 fr.

Le titre a une déchirure.

3008. Draslé de Grand-Pierre. Relation de divers voyages faits dans l'Afrique, dans l'Amérique, et aux Indes occidentales ; la description du royaume de Juda ; la relation d'une isle nouvellement habitée dans le détroit de Malaca, etc. *Paris, Cl. Jombert,* 1718; in-12, veau.   4 fr.

3009. Dufey. Histoires, actes et remontrances des Parlemens de France, Chambre des comptes, cours des aides et autres cours souveraines depuis 1461 jusqu'à leur suppression, par P.-J.-S. Dufey (de l'Yonne). *Paris, Galliot,* 1826 ; 2 vol. in-8, demi-rel. veau vert.   6 fr.

3010. Durand (la Vve du Général). Mes Souvenirs sur Napoléon, sa famille et sa Cour, par Mme Vve du général Durand, attachée, pendant 4 ans, à l'impératrice Marie-Louise. *Paris, l'auteur,* 1819 ; 2 tomes en un vol. in-12, cart., *non rogné.* 4 fr.

3011. Du Verdier. Les Amours diverses de ce temps, sous les noms de Alcandre et Rosacée, Floridor et Cleonée, Sylvan et Marilinde, Clarimandre et Amadonthe, Polydore et Olynde, Cleophon et Clerozie, Dorizel et Roziclée. *Paris, Pierre Billaine,* 1629 ; in-8, demi-rel. dos et coins de mar. rouge. 40 fr.

Cet ouvrage de Du Verdier avait paru d'abord sous le titre de *Sacrifices amoureux,* que l'on retrouve encore ici en titre courant.
Bel exemplaire.

3012. Égvilly (A. d'). Mémoires historiques et politiques de 1820 à 1830. *Paris, Dentu,* 1830 ; in-8, br. 4 fr.

Mouillures.

3013. Elchingen (Masséna, duc d'). Documents inédits sur la campagne de 1815. *Paris, Anselin,* 1840 ; in-8, carte, br. 4 fr.

3014. Éloge des Perruques, enrichi de notes plus amples que le texte ; par le docteur Akerlio. *Paris, Maradan, (impr. de Crapelet), s. d.;* in-12, demi-rel. veau. 5 fr.

Petit ouvrage dû à la plume d'un spirituel écrivain resté anonyme.

3015. Érasme. Desyderii Erasmi Roterodami, de Duplici copia verborum, ac rerum commentarii duo. Ab autore ipso diligentissime recogniti et emaculati, atque in plerisque locis aucti. Epistola Erasmi Roterodami ad Jacobum Vuimphelingum Selestatinum. (In fine :) *Selestadii, in ædibus Lazarii Schurerii, mense novembri* 1519 ; pet. in-4, demi-rel. dos et coins de mar. La Vallière, tête dor., éb. 40 fr.

Édition rare. Bel exemplaire.

3016. Érasme. L'Éloge de la Folie, traduit du latin d'Erasme, par M. Gendeville. Nouvelle édition revue et corrigée sur le texte de l'édition de Basle, ornée de nouvelles figures avec des notes (par Meunier de Querlon). *S. l. (Paris),* 1751 ; in-4, veau. 80 fr.

Exemplaire en GRAND PAPIER, orné d'un frontispice encadré, d'un fleuron de titre, de 13 estampes, d'une vignette et d'un cul-de-lampe par *Eisen,* gravés par *Aliamet, Delafosse, Flipart, Legrand, Le Mire, Martinasie, Pasquier, Pincio* et *Tardieu.*

3017. Érasme. La Louange de la Folie, traduit (par Petit) d'un traité d'Erasme intitulé Œnconium moriæ, satyre en prose. *Paris, Jacq. Cottin,* 1670 ; in-16, demi-rel. dos et coins de mar. rouge, dos orné. 15 fr.

Petit volume très rare, l'achevé d'imprimer est du 14 février 1670.

3018. Espagnac (Baron d'). Histoire de Maurice, comte de Saxe, duc de Courlande, maréchal-général des camps et armées de S. M. très-chrétienne. Nouvelle édition. *Paris, Saillant et Nyon,* 1775 ; 2 vol. in-12, *brochés.* 4 fr.

Signature du marquis de Coislin sur les titres.

3019. Espion (l') dévalisé (par Baudouin de Guémadeuc). *Londres,* 1782 ; in-8, bas. 8 fr.

Curieux ouvrage qui fut aussi attribué au comte de Mirabeau.

3020. Estienne (Henri). Project du livre intitulé de la precellence du Langage françois. *Paris, Mamert Patisson,* 1579 ; in-8, veau, dos orné *(Rel. anc.).* 40 fr.

Livre rare. — Signatures sur le titre.

3021. Estourmel (Joseph d'). Journal d'un Voyage en Orient. *Paris, Crapelet,* 1848 ; 2 vol. in-12, demi-rel. chagr. bleu, tête dor., éb. 8 fr.

3022. Escher (J.-Baptiste). Anweisung zur Fechtkunst auf Hiebe in verhaengter und steiler Auslage. *Freiburg,* 1833 ; in-4 obl. 20 fr.

18 planches lithographiées d'escrime à la rapière.

3023. Fabert. L'Histoire des ducs de Bourgogne, par M. de Fabert. *Cologne, Pierre Marteau,* 1687 ; in-12, veau fauve, dos orné *(Rel. anc.).* 8 fr.

Histoire des ducs de Bourgogne depuis Philippe le Hardi jusqu'à Charles-Quint.

3024. Fabricius (Alb.). Bibliographia antiquaria, sive introductio in notitiam scriptorum qui antiquitates hebraicas, græcas, romanas et christianas scriptis illustrarunt. Editio tertia. *Hamburgi, apud J. C.*

Bohn, 1760 ; front., mar. vert, fil. à froid, tr. dor. (*Ottmann-Duplanil*). 10 fr.

Bel exemplaire.

3025. Fabris (Salvatore). Scienza et pratica d'Arme di Salvatore Fabris, capo dell'ordine dei sette cuori. *Leipzig, Erasmus Hynitzsch,* 1677 ; pet. in-fol., vélin. 200 fr.

Livre d'escrime extrêmement rare, avec texte italien et allemand. Curieuses et belles figures en taille-douce, où tous les escrimeurs sont représentés entièrement nus. La figure de la page 62 est intacte.

3026. Fain (Baron). Manuscrit de 1812. Manuscrit de 1813. Manuscrit de 1814. Contenant le précis des événemens pour servir à l'histoire de l'Empereur Napoléon. *Paris, Bossange, Delaunay,* 1823-1827 ; 5 vol. in-8, cart., *non rognés.* 25 fr.

Envoi d'auteur.

3027. Favre. Les Quatre Heures de la Toilette des dames. *Paris, Lemonnyer,* 1883 ; in-4, br. 10 fr.

Belles figures en taille-douce par *Leclerc.*

3028. Favre (René). Le Bien public pour le fait de la Justice. Précédé d'une étude biographique par Humbert Ferrand. *Lyon, N. Scheuring,* 1868 ; in-8, fac-similé, br. 3 fr.

Ouvrage tiré à petit nombre sur PAPIER VERGÉ teinté.

3029. Félibien. Entretiens sur les vies et sus les ouvrages des plus excellents Peintres anciens et modernes, avec la vie des Architectes. Nouvelle édition, revue, corrigée et augmentée. *A Trevoux,* 1726 ; 6 vol. pet. in-8, fig., demi-rel. bas., dos orné, *non rognés.* 20 fr.

On a relié à la suite du 6ᵉ vol. : *Traité de la Miniature par Mⁿᵉ Perrot,* 1625.

3030. Fénelon. Explication des Maximes des Saints sur la vie intérieure par Messire François de Salignac Fénelon. *Paris, Aubouin,* 1697 ; in-12, veau brun. 25 fr.

ÉDITION ORIGINALE.

3031. Fénelon. Ordonnance et instruction pastorale de Mᵍʳ l'archevêque de Cambray, au clergé et au peuple de son diocèse, portant condamnation d'un imprimé intitulé : Cas de conscience. *Paris, Aubouyn et Emery,* 1704 ; in-12, veau. 15 fr.

3032. Fénelon. Réponses de M. l'archevêque de Cambray à la déclaration de M. l'archevêque de Paris, de M. l'évêque de Meaux et de M. l'évêque de Chartres, et à l'ouvrage de M. de Meaux intitulé Summa. *Bruxelles, E. H. Fricx,* 1698 ; in-12, veau. 20 fr.

3033. Fêtes de Strasbourg. REPRÉSENTATION DES FÊTES DONNÉES PAR LA VILLE DE STRASBOURG pour la convalescence du Roi ; à l'arrivée et pendant le séjour de Sa Majesté en cette ville. Inventé, dessiné et dirigé par J. M. Weiss, graveur de la ville de Strasbourg. *Paris, impr. de Laurent Aubert, s. d.* (1745) ; in-fol., mar. rouge, dos orné, large dent., tr. dor. (*Pasdeloup*). 750 fr.

Titre gravé par *Marvie,* portrait de Louis XV, gravé par *Wille* d'après *Parrocel.* 11 planches de *Weiss,* gravées par *Le Bas* et *Weiss ;* 10 ff. de texte gravé, avec encadrements différents, une grande vignette en-tête et un cul-de-lampe dessinés par *Weiss* et gravés par *Marvie.*

Superbe exemplaire dans une très riche reliure aux ARMES ROYALES et aux armes de la ville de STRASBOURG, avec l'étiquette de Pasdeloup, collée sur le titre.

3034. — Le même. *Paris* (1745) ; in-fol., veau (*Rel. anc.*). 200 fr.

3035. Féval (Paul). Les Contes de nos Pères, par Paul Féval. Illustrés par Bertall. *Paris, Chlendowski, s. d.* (1845) ; in-8, demi-rel. chagr. rouge, plats toile. 18 fr.

18 planches hors texte et vignettes dans le texte, gravés sur bois. PREMIER TIRAGE.

3036. Foudras. Campagne de Bonaparte en Italie, en l'an VIII de la République, rédigée sur les mémoires d'un officier de l'état-major de l'armée de réserve. *S. l., (an VIII* (1800) ; in-8, portr., demi-rel. bas. 8 fr.

Portrait de Bonaparte, 1ᵉʳ consul, par *Bonneville.*

3037. Fournier le jeune. Dissertation sur l'origine et les progrès de l'art de graver en bois, pour éclaircir quelques traits de l'histoire de l'imprimerie et prouver que Guttemberg n'en est pas l'auteur. *Paris, Barbou,* 1758 ; in-8, br. 12 fr.

3038. Foy (Général). Histoire de la Guerre de la Péninsule sous Napoléon, publiée par Mᵐᵉ la comtesse

Foy. *Paris, Baudouin,* 1827 ; 4 vol. in-8, demi-rel. veau, dos orné. 20 fr.

3039. **Frédéric II**, roi de Prusse. Œuvres du philosophe de Sans-Souci. *A Potzdam,* 1760 ; in-12 de 8 et 299 pp. mar., citron, dos orné, fil., tr. dor. (*Rel. anc.*). 50 fr.

Ce rare recueil poétique comprend 10 odes, 20 épîtres et l'Art de la guerre, poème en six chants.
Bel exemplaire.

3040. **Fualdès** (Procès). Histoire complète du procès de l'assassinat de M. Fualdès, instruit à Albi, devant la cour d'assises du département du Tarn. *Paris, Eymery,* 1818 ; in-8, br. 7 fr.

Planches en taille-douce : Maison Bancal, Maisons Fualdès, Jansion, cours de l'Aveyron, etc.

3041. **Furetière**. Le Roman bourgeois. Nouvelle édition revue de nouveau, corrigée et augmentée. *Nancy, Cusson.* 1713 ; in-12, veau, dos orné. 7 fr.

Figures sur cuivre.

3042. **Gage** (Th.). Nouvelle Relation, contenant les voyages de Thomas Gage, dans la Nouvelle Espagne, ses diverses aventures, et son retour par la province de Nicaragua jusques à la Havane. (traduit par Beaulieu Hues O'Neil). *Amsterdam, P. Marret,* 1720 ; 2 vol. in-12, demi-rel., *non rognés.* 12 fr.

Figures en taille-douce.

3043. **Gaimard** (P.). Voyages en Scandinavie, en Laponie, au Spitzberg et aux Féroë, publiés par ordre du Roi. *Paris, A. Bertrand,* 1842 ; 3 vol. in-fol., demi-rel. chagr. bleu, *non rognés.* 150 fr.

400 planches noires et coloriées.

3044. **Galerie du Palais-Royal**, gravée d'après les Tableaux des différentes Écoles qui le composent. Avec un Abrégé de la Vie des Peintres et une Description historique de chaque tableau par de Fontenay (Morel, etc.). *Paris, J. Couché et Laporte,* 1786-1808 ; 3 vol. gr. in-fol., demi-rel. basane, *non rognés.* 350 fr.

Titre, fleuron et 355 estampes d'après les tableaux des peintres et exécutés d'après les dessins de Wicar et autres, gravés par Aliamet, Delignon, Delvaux,

Duplessi-Bertaux, Le Mire, de Longueil, Massard, Patas, Saint-Aubin, etc.
Très bel exemplaire entièrement non rogné.
Les prospectus de publication ont été conservés.

3045. **Galiffe**. Genève historique et archéologique. *Genève, Georg,* 1869 ; in-4, br. 8 fr.

Dessins et fac-similés par *Hermann Hammann.* PAPIER VERGÉ.

3046. **Gambogi**. Trattato sulla Scherma. Opera del conte Michele Gambogi, antico militare italiano. Adorna di Figure incise da Giuseppe Rados. *Milano, dalla tipografia di Ranieri Fanfani,* in-4 obl., cart. 35 fr.

Traité d'escrime, orné d'un portrait et de 56 planches sur cuivre.

3047. **Garinet** (Jules). Histoire de la Magie en France, depuis le commencement de la monarchie jusqu'à nos jours. *Paris, Foulon,* 1818 ; in-8, br. 8 fr.

Signature sur le titre.

3048. **Garnier** (Robert). Les Tragédies de Robert Garnier. Revuës, augmentées, et r'imprimées (*sic*) de nouveau. *Saumur, Thomas Portau,* 1602 ; in-12, mar. rouge jans., tr. dor. (*David*). 60 fr.

Bonne édition imprimée en caractères italiques.
Très bel exemplaire.

3049. **Gauville**. Journal du baron de Gauville, député de l'ordre de la noblesse aux Etats généraux depuis le 4 mars 1789 jusqu'au 1er juillet 1790. *Paris, Gay,* 1864 ; in-12, br. 4 fr.

Édition tirée à 300 exemplaires sur PAPIER VERGÉ.

3050. **Gazette noire** (la), par un homme qui n'est pas blanc, ou œuvres posthumes du Gazetier cuirassé (Ch. Théveneau de Morande). *Imprimée à cent lieues de la Bastille(Londres),*1784; in-8, br. 12 fr.

Curieuses anecdotes de la fin du XVIIIe siècle.

3051. **Genlis** (Comtesse de). Les Diners du baron d'Holbach. *Paris, Trouvé,* 1822 ; in-8, br. 4 fr.

3052. **Gervais** (Paul). Histoire naturelle des mammifères. *Paris, Curmer,* 1854 ; in-8, br. 10 fr.

Figures en taille-douce coloriées et vignettes sur bois.

Et de Livres anciens et modernes

3053. Gessner. Œuvres de Salomon Gessner. *Paris, Ant.-Aug. Renouard*, 1799 ; 4 vol. in-8, veau, dos orné, dent., tr. dor. (*Simier*). 300 fr.

Très bel exemplaire en GRAND PAPIER VÉLIN, avec les 48 figures AVANT LA LETTRE de *Moreau*, gravées par *Bacquoy, Dambrun, Delvaux, Dupréel, Lemire, Girardet*, etc., et 3 portraits.

3054. Girard. Traité des armes, dédié au roy, par le Sr P. J. F. Girard, ancien officier de marine : enseignant la manière de combattre de l'epée de pointe seule, toutes les gardes étrangères, l'Espadon, les Piques, Hallebardes, Bayonnettes au bout du fusil, fleaux brisés et bâtons à deux bouts : Ensemble à faire de bonne grace les saluts de l'Esponton, l'exercice du fusil et celui de la grenadiere, tels qu'ils se pratiquent aujourd'huy dans l'art militaire de France. Orné de figures en taille-douce. *A La Haye, chez Pierre de Hondt*, 1740 ; in-4 obl., bas. 120 fr.

Livre rare orné d'un frontispice avec portrait de l'auteur, dessiné et gravé par *Jacq. de Favannes*, et 116 belles planches gravées en taille-douce.

3055. Girardin (Stanislas). Mémoires. Nouvelle édition. *Paris, Arm. Aubrée*, 1834 ; 2 vol. in-8, br. 10 fr.

3056. Goldsmith (Lewis). Histoire secrète du cabinet de Napoléon Buonaparté (*sic*) et de la Cour de S. Cloud. *Londres et Paris*, 1814 ; 2 tomes en un vol. in-12, cart., *non rogné*. 15 fr.

Violent pamphlet contre Napoléon Ier.

3057. Goncourt (Edm. et Jules de). L'Art du dix-huitième siècle. Troisième édition revue et augmentée. *Paris, Quantin*, 1880-1882 ; 2 vol. in-4, demi-rel. chagrin bleu, *non rognés*. 160 fr.

Watteau — Chardin — Boucher — Latour — Greuze — les Saint-Aubin — Gravelot — Cochin — Eisen — Moreau — Debucourt — Fragonard — Prud'hon.

Exemplaire sur PAPIER WHATMAN tiré à 100 exemplaires avec la double suite des figures AVANT et avec la lettre. Publié à 350 francs.

3058. Gracian (Baltasar). L'Homme de Cour, traduit et commenté par le sieur Amelot de la Houssaie. Troisième édition revue et corigée. *Paris Vve Martin*, 1687 ; in-12,

front., mar. rouge, dos orné, fil. à la Duseuil, doublé de mar. rouge, dent. et fil., tr. dor. (*Rel. anc.*) 25 fr.

3059. Grose (J.-H.). Voyage aux Indes orientales par Jean-Henri Grose ; traduit de l'anglois par M. Hernandez. *Londres et Lille, Vve Panckoucke*, 1758 ; in-12, veau marbré, dos orné. 4 fr.

3060. Guerre (la) séraphique, ou histoire des perils qu'a courus la barbe des Capucins, par les violentes attaques des Cordeliers. On y joint une dissertation sur l'inscription du grand portail de l'église des Cordeliers de Reims, (par J.-B. Thiers). *La Haye, Pierre de Hondt*, 1740 ; in-12, demi-rel. veau fauve, dos orné. 15 fr.

Ouvrage rare rempli de critique et d'érudition.

3061. Hecquet (Philippe). Le Brigandage de la Chirurgie, ou la Médecine opprimée par le brigandage de la chirurgie. *Utrecht, les sœurs de Corneille-Guillaume le Fevre*, 1738 ; 2 tomes en un vol. in-12, veau, dos orné (*Rel. anc.*) 5 fr.

3062. Histoire abrégé de l'abbaye de Port-Royal, depuis sa fondation en 1204, jusqu'à l'enlevement des religieuses en 1709 (par Michel Tronchay). *S. l. (Paris)*, 1710 ; in-12. — Gémissement d'une âme vivement touchée de la destruction du Saint Monastère de Port-Royal des Champs (par Le Sesne d'Etemare). *S. l.*, 1710 ; in-12. — Reflexions de la Mère Angélique de S. Jean Arnauld. *S. l.*, 1710 ; in-12. Ens. 3 tomes en un vol. in-12, veau fauve, dos orné (*Rel. anc.*) 25 fr.

Pièces rares.

3063. Histoire complète et véritable de M. Mayeux, suivie de son traité de paix avec le Juste-Milieu, racontée par lui-même. *Paris*, 1833 ; in-12, front., chagr. bleu, tête dor., *non rogné*. 10 fr.

3064. Histoire critique de Nicolas Flamel et de Pernelle sa femme, par M. L. V. (l'abbé Villain). *Paris, G. Desprez*, 1761 ; in-12, demi-rel. dos et coins de veau rose, dos orné.   10 fr.

Frontispice et planches représentant la maison de N. Flamel, rue de Montmorency.

3065. **Histoire** d'un voyage littéraire, fait en 1735, en France, en Angleterre et en Hollande ; avec une lettre fort curieuse concernant les prétendus miracles de l'abbé Paris et les convulsions risibles du chevalier Folard. (Par Charles-Etienne Jordan). *La Haye, Ad. Moetjens,* 1735 ; in-12, demi-rel. veau.   15 fr.

« Ce voyage a obtenu l'estime particuculière des gens de lettres. L'auteur, dans les villes célèbres où il s'est trouvé, a visité les bibliothèques publiques et les savants ; et il donne, soit sur les hommes, soit sur les livres, les renseignements les plus curieux » (Barbier, Anonymes, II, 659).

3066. **Histoire** de la Conjuration de Louis - Philippe - Joseph d'Orléans, premier prince du sang, surnommé Egalité, par l'auteur de l'histoire de Maximilien Robespierre (de Montjoye). *Paris,* 1796 ; 3 vol. in-8, portr., cart., *non rognés.* 12 fr.

PREMIÈRE ÉDITION.

3067. **Histoire** de la Jamaïque, traduite de l'anglois (de Hans Sloane) par M*** (Raulin) ancien officier de dragons. *Londres, Nourse,* 1751 ; 2 tomes en un vol. in-12, veau. 10 fr.

Cette histoire est un extrait de l'ouvrage de sir Hans Sloane sur quelques-unes des Antilles et spécialement sur la Jamaïque.

3068. **Histoire** de la Virginie, contenant l'histoire du premier établissement dans la Virgine et de son gouvernement, les productions naturelles, la religion, les lois, etc., par un auteur natif du païs (R.-B. Beverley) traduite de l'anglois. *Amsterdam, Th. Lombrail,* 1707 ; in-12, front. et fig., veau. 12 fr.

3069. **Histoire de Marie-Antoinette**-Josephe-Jeanne de Lorraine, archiduchesse d'Autriche, reine de France, par l'auteur de l'éloge de Louis XVI (Montjoye). *Paris, Perronneau,* 1800 ; 4 tomes en 2 vol. pet. in-12, demi-rel. veau rose.   15 fr.

3070. **Histoire des Favorites,** contenant ce qui s'est passé de plus remarquable sous plusieurs règnes par Mademoiselle D*** (Mlle de La Roche-Guilhem). *Constantinople* (*Amsterdam*), s. d.; 2 tomes en un vol. in-12. demi-rel. dos et coins de mar. rouge, dos orné et mosaïqué, tr. dor. (*Petit-Simier*). 15 fr.

Frontispice et portraits.

3071. **Histoire** (L') des Grecs, ou de ceux qui corrigent la fortune au jeu (par le chevalier Ange Goudar). *Londres, Nourse,* 1758 ; in-12, demi-rel. mar. vert, tête dor., éb. 10 fr.

Bel exemplaire.

3072. **Histoire** (L') des Imaginations extravagantes de M. Oufle, causées par la lecture des livres qui traitent de la Magie, du grimoire, des démoniaques, sorciers, etc. (par l'abbé L. Bordelon). *Paris, Gosselin,* 1710 ; 2 vol. in-12, veau.   15 fr.

ÉDITION ORIGINALE. Figures gravées par *Crespy.* Rare.

3073. **Hœfer.** Nouvelle Biographie universelle depuis les temps les plus reculés jusqu'à nos jours. *Paris, Firmin Didot,* 1852-1866 ; 46 vol. in-8, br.   65 fr.

La meilleure et la plus complète des biographies publiées jusqu'à ce jour.

3074. **Hotman.** Traité de la Dissolution du Mariage, par l'impuissance ou froideur de l'homme ou de la femme (par Antoine Hotman). *Paris, Nicolas Rousset,* 1610 ; in-8 de 52 ff., demi-rel. dos de mar. citron, tr. dor.   35 fr.

A la suite de ce curieux traité on a relié : 1° Capitulaire auquel est qu'un homme nay sans testicules apparens est capable des œuvres de mariage, par Séb. Rouillard. *Paris.* 1604 : 2° Histoire funeste contenant les défenses de Moyse de Forge, sieur de Chasteaufort que damoiselle Charlotte de Caulières, sa femme, veut faire exécuter. *S. l.,* 1608.

3075. **Imbert, Desfontaines** et **Pezay.** Historiettes ou nouvelles en vers par M. Imbert. *Amsterdam* (*Paris*), 1774. — Les Bains de Diane ou le triomphe de l'Amour (par Desfontaines). *Paris, Costard,* 1770. — Lettre d'Alcibiade à Glicère, suivie d'une lettre de Vénus à Paris et d'une épitre à la maitresse que j'aurai (par le Mis de Pezay).

Et de Livres anciens et modernes

Genève et Paris, 1764. Ens. 3 vol.
in-8, bas.   60 fr.

Le premier ouvrage est orné de 1 frontispice, d'un titre gravé et de 4 charmantes
vignettes en-tête par *Moreau le jeune*. Le
deuxième, d'un beau titre et de 4 jolies vignettes en-tête par *Marillier*, gravés par
de Ghendt, Ponce, Voyez et *Massard*. Le
troisième, d'une figure, de 3 en-têtes et de
2 culs-de-lampe par *Eisen*, gravés par
Aliamet, de Longueil et *Lemire*. — Belles
épreuves.

3076. **Intras** (Jean d'). Le Lict
d'Honneur de Chariclée, où sont
introduites les infortunées et tra-
giques amours du comte de Me-
lisse. *Paris, Robert Fouet*, 1609 ;
in-12, vélin.   5 fr.

Le titre est orné d'une jolie figure sur
cuivre.

3077. **Inventaire** de la bibliothèque du roi Charles VI fait au Louvre en 1423. *Paris, Société des
bibliophiles*, 1867 ; in-8, br. 12 fr.

PAPIER VERGÉ.

3078. **Janin** (Jules). L'Ane mort et
la femme guillotinée. *Paris, Delangle*, 1830 ; in-16, cart., *non
rogné*.   15 fr.

Deuxième édition imprimée par J. Didot.
sur PAPIER VERGÉ et illustrée d'un frontispice et d'une figure d'*Alfred Johannot*.
Bel exemplaire.

3079. **Janin** (Jules). La Confession
par l'auteur de l'Ane mort et la
femme guillotinée. *Paris, Alex.
Mesnier*, 1830 ; 2 tomes en un vol.
in-12, demi-rel. veau gris.   12 fr.

Frontispice sur Chine dessiné et gravé
par *Alfr. Johannot*.
ÉDITION ORIGINALE.

3080. **Jombert** (Ch.-Ant.). Catalogue de l'Œuvre de Ch.-Nic. Cochin
fils. *Paris, Prault*, 1770 ; in-8, demi-rel. chagr. vert, *non rogné*. 30 fr.

Vignette sur le titre et en-tête avec portrait de Cochin, dessinées et gravées par
B.-L. Prevost.

3081. **Jombert** (Ch.-Ant.). Essai
d'un Catalogue de l'Œuvre d'Etienne
de la Belle, peintre et graveur
florentin ; disposé par ordre historique suivant l'année où chaque
pièce a été gravée. Avec la vie de
cet artiste. *Paris, l'Auteur*, 1772 ;
in-8, veau, dos orné (*Rel. anc.*) 18 fr.

2 jolies vignettes en-tête dessinées par
C.-N. Cochin, gravées par *B.-L. Prevost*.

3082. **Julien** (l'Empereur). Œuvres
complètes de l'empereur Julien,
traduites, pour la première fois du
grec en français, accompagnées
d'argumens et de notes par R.
Tourlet. *Paris*, 1821 ; 3 vol. in-8,
demi-rel. bas., dos orné.   10 fr.

3083. **Labat** (J.-B.). Nouvelle relation de l'Afrique occidentale, contenant une description exacte du
Senegal et des païs situés entre le
cap Blanc et la rivière de Serre-
lionne. *Paris, Th. Le Gras*, 1728 ;
5 vol. in-12, chagr. brun, tr.
rouge.   30 fr.

Cartes, plans et figures en taille-douce.

3084. **Labat** (J.-B.). Relation historique de l'Ethiopie occidentale,
contenant la description des royaumes de Congo, Angolle et Matamba,
traduite de l'italien du P. Cavazzi.
Paris, Delespine, 1732 ; 5 vol. in-12,
veau marbr., dos orné, fil. (*Rel.
anc.*)   30 fr.

Cartes et figures en taille-douce.

3085. **Labé** (Louise). Œuvres de
Louise Charly, lyonnoise, dite Labé,
surnommée la belle Cordiere. *Lyon,
les frères Duplain*, 1762 ; in-12, mar.
bleu jans., tr. dor. (*Thivet*) 50 fr.

Frontispice et vignettes gravées en taille-
douce par *Daullé*, d'après *Nonnotte*.
Bel exemplaire, vendu 71 fr. à la vente
GUY-PELLION.

3086. **La Boutetière** (Comte de).
Le Chevalier de Sapinaud et les
chefs vendéens du Centre. Notes,
lettres et documents pour servir à
l'histoire des cinq premiers mois
de la guerre de Vendée. *Paris,
Acad. des Bibliophiles*, 1869 ; in-8,
br.   5 fr.

Ouvrage tiré à 300 exemplaires sur PA-
PIER VERGÉ.

3087. **La Bruyère**. Les Caractères
de Théophraste traduits du grec,
avec les caractères ou les mœurs
de ce siècle. Neuvième édition, revue et corrigée. *Paris, Estienne
Michallet*, 1716 (*sic pour* 1696) ;
in-12, mar. rouge, dos orné, fil.,
tr. dor. (*Badé*)   75 fr.

Très bel exemplaire de l'ÉDITION DÉFI-
NITIVE donnée par l'auteur.

3088. **La Bruyère**. Les Caractères
de Théophraste et de La Bruyère.
Avec des notes par M. Coste. *Paris,
Hochereau et Panckoucke*, 1765 ;

gr. in-4, portr., veau marbr., dos
orné, fil., tr. dor. (*Rel. anc.*) 40 fr.

Portrait de La Bruyère, par *Saint-Jean*,
gravé par *Cathelin*, 1 fleuron sur le titre,
3 charmantes vignettes en-têtes et 1 cul-
de-lampe par *Gravelot*, gravés par *Duclos*
et *Lebas*.
Bel exemplaire.

3089. La Caille (l'abbé). Journal
historique du Voyage fait au Cap
de Bonne-Espérance. *Paris, Guil-
lyn*, 1763 ; in-12, carte, veau. 12 fr.

3090. Lacroix (Paul). Recherches
bibliographiquee sur des livres
rares et curieux, par P. L. Jacob,
bibliophile. *Paris, Ed. Rouveyre*,
1880 ; in-8, br.   4 fr.

Exemplaire tiré sur PAPIER VERGÉ.

3091. La Fontaine. Œuvres complètes de La Fontaine. *Paris, Nepveu (impr. de P. Didot l'aîné)*,
1820 ; 16 vol. — Histoire de la vie
et des ouvrages de J. de La Fontaine, par C. A, Walckenaer. *Paris, Nepveu*, 1821 ; 2 vol. Ens. 18
vol. in-16, *brochés*.   40 fr.

Charmante édition, augmentée de nouvelles œuvres diverses, ornée de 120 figures d'après les dessins de *Desenne*,
Chaudet, *Huet* et autres.
PAPIER VÉLIN, tiré à 500 exemplaires.

3092. La Guérinière. École de
cavalerie, contenant la connoissance, l'instruction et la conserva-
tion du cheval. Avec figures en
taille-douce. *Paris, Jacq. Collom-
bat*, 1733 ; in-fol., veau.   150 fr.

L'un des meilleurs traités sur l'équita-
tion. Bel exemplaire illustré d'un frontispice, de portraits équestres et de planches
gravées en taille-douce d'après *Parrocel*.

3093. La Guérinière. École de
Cavalerie, contenant la connais-
sance, l'instruction et la conserva-
tion du Cheval. *Paris, par la compagnie*, 1754 ; 2 vol. in-8, veau
marbr.   18 fr.

Portrait gravé par *Thomassin*, et planches dessinées et gravées par *Parrocel*.

3094. Lalos (J.). De la composition
des Parcs et Jardins pittoresques.
Paris, l'auteur, 1817 ; in-8, demi-
rel. bas.   15 fr.

Planches gravées par *Reville*. Descriptions des jardins de Boulogne. le Mous-
seaux, Etampes, La Genevraye, Livet,
Pinçon, la Motte, Pont-Chartrain, etc.

3095. Lamartine. Œuvres. *Paris,*

Gosselin et Furne, 1838-1840 ; 10
vol. in-32, br., couv.   30 fr.

Méditations, 2 vol. — Harmonies, 2 vol.
— Jocelyn, 2 vol. — La Chute d'un ange,
2 vol. — Recueillements. — Mélanges et
discours.
Jolie petite édition imprimée sur papier
vélin.

3096. Lamb (Charles). Le Mémorial
de W. Shakspere. Contes shakspe-
riens par Charles Lamb, traduits par
M. Alphonse Borghers. *Paris, Baudry*, 1842 ; in-8, br., couv. ill. 12 fr.

Jolies gravures sur acier.

3097. Langlès (L.). Recherches sur
la découverte de l'Essence de rose.
Paris, impr. impériale, 1804 ; in-
16, demi-rel. dos et coins de mar.
rouge, éb., *non rogné* (*Vogel*). 8 fr.

PAPIER VÉLIN.

3098. Larmessin. Les Augustes
Représentations de tous les Roys
de France, depuis Pharamond jusqu'à Louis XIIII dit le Grand, à
présent régnant. Avec un abrégé
historique sous chacun, contenant
leurs naissances, inclinations et
actions plus remarquables pendant
leurs règnes. *Paris, F. Bertrand*,
1679 ; in-4, veau.   60 fr.

Très belles épreuves de cette PREMIÈRE
ÉDITION, contenant 73 portraits par *Larmessin*, dont 64 portraits de rois de France
et 9 de personnages célèbres du XVIIe
siècle.

3099. La Roque. Voyage dans la
Palestine, vers le grand Emir, chef
des princes arabes du désert, con-
nus sous le nom de Bedouïns, fait
par ordre du roi Louis XIV, par
M. de la Roque. *Amsterdam*, 1718 ;
in-12, bas.   5 fr.

Frontispice et figures sur cuivre par
Wandelaar.

3100. La Roque. Voyage de Syrie
et du Mont-Liban, contenant la description de tout le pays compris
sous le nom de Liban et d'Anti-
Liban, Kesroan, etc. *Amsterdam,
Herman Uytwerf*, 1723 ; 2 tomes
en un vol. in-12, veau.   6 fr.

Planches en taille-douce.

3101. Lavallée (Joseph). Voyage
pittoresque et historique de l'Istrie
et de la Dalmatie, rédigé d'après
l'itinéraire de L. F. Cassas. *Paris*,
1802 ; in-fol., veau racine, dos

Et de Livres anciens et modernes

orné, comp. de dent., tr. dor. (*Rel. anc.*)   100 fr.

> Ouvrage orné d'un frontispice et de 65 belles planches, vues, monuments, plans, gravés par les meilleurs artistes du commencement du siècle.
> Très bel exemplaire.

3102. La Vega (Garcillasso de). Histoire de la conquête de la Floride, ou relation de ce qui s'est passé daus la découverte de ce païs par Ferdinand de Soto, composée en espagnol par l'inca Garcillasso de la Vega, et traduite en françois par Pierre Richelet. *Leide, P. Vander Aa,* 1731 ; 2 tomes en 1 vol. in-12, veau.   15 fr.

> Planches en taille-douce.

3103. Le Baillif (Roch). Le Demonsterion de Roch le Baillif, edelphe medecin spagiric, auquel sont contenuz trois cens Aphorismes latins et françois. Sommaire veritable de la medecine paracelsique. *Rennes, Pierre le Bret,* 1578 ; pet. in-4, vélin.   50 fr.

> Curieux volume d'hermétique, la dernière partie est un petit traité de l'antiquité et singularité de Bretagne-Armorique.

3104. Lebeuf (l'abbé). Recueil de divers écrits pour servir d'éclaircissemens à l'histoire de France, et de supplément à la notice des Gaules. *Paris, Jacq. Barois,* 1738 ; 2 vol. in-12, mar. rouge, fil. à froid, *non rognés* (*Closs*).   20 fr.

> Bel exemplaire, entièrement non rogné.

3105. Le Brun (Charles). Grand escalier du chateau de Versailles, dit escalier des Ambassadeurs. Orné et peint par Charles Le Brun, premier peintre du Roy. *Paris, Suruge, s. d.* (1715) ; in-fol., mar. rouge, dos orné, fil., tr. dor. (*Rel. anc.*)   450 fr.

> Titre et 5 ff. de texte gravé, 24 planches dessinées par *Chevotet*, gravées par *Surugue et Simonneau*. Très bel exemplaire aux armes de Caumartin Saint-Ange, et aux armes de la Ville de Paris.

3106. Lebrun et **Mignard.** Peintures du plafond du grand escalier de Versailles, du plafond du petit appartement du Roy, de la chapelle du chateau de Sceaux. *Paris, s. d.* ; in-fol., mar. rouge, dos

orné, double rangée de fil., tr. dor. (*Rel. anc.*)   300 fr.

> 14 grandes planches gravées en taille-douce.
> Bel exemplaire aux armes royales.

3107. Le Clerc (Sébastien). Œuvres choisies de Sébastien le Clerc, dessinateur et graveur du cabinet du roi, contenant 239 estampes, dessinées et gravées par ce célèbre artiste, représentant des costumes, des fables, des paysages et autres objets intéressants. *Paris, Lamy,* 1784 ; in-4. — Batailles d'Alexandre-le-Grand, peintes par C. le Brun, dessinées et gravées par Sébastien le Clerc. *Paris, Lamy,* 1784 ; in-4. Ens. 2 tomes en un vol. in-4, demi-rel. bas.   70 fr.

> Les figures du 1ᵉʳ volume sont tirées en bistre ; celles du second en noir. Belles épreuves. On y trouve, outre les costumes de l'époque de Louis XIV, la suite de 12 pièces : Vues de plusieurs petits endroits des faubourgs de Paris.

3108. Le Comte. Memorial ou journal historique, impartial et anecdotique de la révolution de France. *Paris, Duponcet,* 1801 ; 3 vol. pet. in-12, veau.   6 fr.

> Figure allégorique.

3109. Le Maire de Belges (Jean). Les troys livres des Illustrations de Gaule : et singularitez de Troye, nouvellement reveues et corrigees oultres les precedentes impressions. *A Paris, par Galliot du Pré,* 1531 ; pet. in-8, mar. rouge, fil. à froid, tr. dor. (*Duru*).   125 fr.

> Belle édition imprimee en lettres rondes, illustrée de jolies figures sur bois. L'Epitre de l'*Amant verd* se trouve imprimé à la fin de la première partie.
> Bel exemplaire.

3110. Le Masson (Edmond). Nouvelle Vénerie normande, ou essai sur la chasse du lièvre, du chevreuil, du sanglier, du loup et du renard. Deuxième édition. *Avranches, Tostain,* 1847 ; in-8, br. (couv. ill.).   12 fr.

3111. Le Moyne (Pierre). La Gallerie des Femmes fortes, par le P. Pierre le Moyne. *A Leiden, chez Jean Elsevier et à Paris, chez Charles Angot,* 1660 ; pet. in-12, front. et fig., mar. La Vallière, dos orné, fil., milieux, tr. dor. 30 fr.

> Frontispice, jolis et nombreux portraits

de femmes ayant joué un rôle dans l'histoire sacrée et profane.

3112. Le Moyne (Pierre). Saint Louys ou la Sainte Couronne reconquise. Poème heroïque, par Pierre le Moyne. *Paris, Auguste Courbé,* 1658 ; in-12, front. et fig., mar. rouge, dos orné, fil., tr. dor. (*Petit-Simier*).   40 fr.

> Frontispice et figures de *Chauveau.*
> Bel exemplaire de la PREMIÈRE ÉDITION de ce poème renfermant 17.764 vers, parmi lesquels il s'en trouve de fort beaux.

3113. Lenglet du Fresnoy. Traité historique et dogmatique du secret inviolable de la Confession. *Imprimé à Lille, Paris, Jean Musier,* 1708 ; pet. in-8, veau brun (*Rel. anc.*).   15 fr.

> Ouvrage rare avec l'*Addition au traité inviolable de la Confession. Paris,* 1708.

3114. Le Page du Pratz. Histoire de la Louisiane, contenant la découverte de ce vaste pays, sa description géographique, un voyage dans les terres, les mœurs, coutumes, etc.. *Paris, de Bure,* 1758 ; 3 vol. in-12, fig., veau.   12 fr.

3115. Le Petit (Jules). L'Art d'aimer les livres et de les connaître. Lettres à un jeune bibliophile. *Paris,* 1884 ; in-8, front. à l'eau-forte, br.   6 fr.

> PAPIER VERGÉ.

3116. Le Roy. Les Ruines des plus beaux Monuments de la Grèce, considérées du côté de l'histoire et du côté de l'architecture, par M. Le Roy. Seconde édition corrigée et augmentée. *Paris, L.-Fr. Delatour,* 1770 ; 2 tomes en 1 vol. in-fol., pl., veau marbr., dos orné, fil., tr. dor. (*Rel. anc.*).   60 fr.

> Ouvrage orné de 61 planches représentant les ruines et les sites les plus célèbres de l'ancienne Grèce, gravées d'après les dessins de *Le Roy,* par *Le Bas, de Neufforge, Patte, Littret de Montiigny* et *Michelinot.*
> Exemplaire en GRAND PAPIER.

3117. L'Estoile (P. de). Mémoires pour servir à l'histoire de France. Contenant ce qui s'est passé de plus remarquable dans ce roiaume depuis 1515 jusqu'en 1611 (par Pierre de l'Estoile). *Cologne (Bruxelles), Herman Demen,* 1719 ; 2 vol. pet. in-8, veau.   15 fr.

> PREMIÈRE ÉDITION du Journal de Henri III et de Henri IV. Frontispice de *Van Orly* et portraits gravés à l'eau-forte par *Harrewyn.*

3118. Letronne. Essai critique sur la topographie de Syracuse au commencement du Ve siècle. *Paris, Pélicier,* 1812 ; in-8, pl., br.   3 fr.

3119. Le Verrier de la Conterie. Venerie normande, ou l'école de la chasse aux chiens courants, pour le lièvre, le chevreuil, le cerf, le daim, le sanglier, le loup, le renard et la loutre ; avec les tons de chasse. *Rouen, Laur. Dumesnil,* 1778 ; in-8, pl., demi-rel. veau.   60 fr.

> Deuxième édition plus ample, que la précédente. Bel exemplaire.

3120. Lévis. Souvenirs et portraits, 1780-1789, par M. de Lévis. *Paris, Fr. Buisson,* 1813 ; in-8, br.   4 fr.

3121. Lieble (Ph.-Louis). Mémoire sur les limites de l'empire de Charlemagne, qui a remporté le prix proposé par l'Académie royale des inscriptions et belles-lettres. *Paris, Guérin,* 1764 ; in-12, demi-rel. chagr. bleu.   10 fr.

> On a relié à la suite : Observations critiques sur le prospectus d'un ouvrage ayant pour titre Anatomie de la langue française, 1785. — Ce qu'on apprenait au Foires de Troyes et de la Champagne au XIIIe siècle. 1858 (tiré à 160 exemplaires).

3122. Livre doré de l'hostel de ville de Nantes. *Nantes, Jacques Mareschal,* 1696 ; in-8, veau, dos orné.   50 fr.

> On y trouve le catalogue des maires, échevins, syndics et greffiers de la ville, depuis l'érection de la mairie en 1559 jusqu'en 1695 et à la suite les privilèges accordés aux mèmes magistrats. Rare.

3123. Livre du Roy Modus (Le) et de la Royne Racio, nouvelle édition conforme aux mss. de la bibliothèque royale, ornée de gravures faites d'après les vignettes de ces manuscrits fidèlement reproduites, avec une préface par Elzéar Blaze. *Paris, E. Blaze,* 1839 ; in-8 goth., mar. vert jans., tr. dor. (*Petit-Simier*).   120 fr.

> Bel exemplaire de cette édition imprimée en caractères gothiques et tirée à petit nombre. Certains critiques ont attribué cet ouvrage au comte de Melun-Tancarville.

3124. Livres classiques (Les) de l'Empire de la Chine recueillis par

Et de Livres anciens et modernes

le Père Noël. *Paris, de Bure,* 1784-1786 ; 7 vol. pet. in-12, br.   30 fr.

Jolie collection fort bien imprimée par Didot aîné.

3125. **Longus**. Les Amours pastorales de Daphnis et Chloé, escrites en grec par Longus, et translatées en françois par Jacques Amyot. *Lille, Lehoucq,* 1792 ; pet. in-8, veau, dos orné, tr. dor. (*Rel. anc.*)   20 fr.

30 figures gravées par *Vidal,* d'après les compositions du *Régent.*

3126. **Lordelot** (Benigne). Plaidoyé pour Jacques de Baudry, pretendu religieux cordelier qui contient l'histoire de sa vie et un traité touchant la validité des vœux des religieux. *Paris, P. Bienfait,* 1681 ; in-12, veau,   5 fr.

3127. **Louis XIV**. Histoire militaire de Louis XIV. Conquêtes de 1672 à 1678 ; gr. in-fol., pl., veau rouge, dos orné, large dent. dor. et à froid, tr. dor. (*Ginain*).   300 fr.

Recueil de 40 planches dont 28 par *Séb. Le Clerc* et *Châtillon* pour les *Grandes conquêtes,* 1 planche de *Séb. Le Clerc* pour les *Petites Conquêtes,* 1 planche du même : *Arc de triomphe de Louis XIV à la place Saint-Antoine.* 8 planches de *Dollivar, Marot* et *Collin* et 2 planches non signées.
Ce recueil provient de la bibliothèque CHARTENER. Belles épreuves de pièces peu communes.

3128. **Lucas** (Paul). Voyage du sieur Paul Lucas fait en 1714, par ordre de Louis XIV, dans la Turquie, l'Asie, Sourie, Palestine, haute et basse Egypte, etc. *Rouen, Robert Machuel,* 1744 ; 3 vol. in-12, mar. vert, dos orné, fil., tr. dor.   30 fr.

Planches en taille-douce.

3129. **Lyon**. Description de la ville de Lyon ; avec des recherches sur les hommes célèbres qu'elle a produits (par Paul Rivière de Brinais). *Lyon, impr. d'Aimé Delaroche,* 1741 ; pet. in-8, bas.   8 fr.

Aux armes de la ville d'AVIGNON.

3130. **Mac Arthur** (John). The Army and Navy gentleman's companion ; or a new and complete treatise on the Theory and Practice of Fencing. Displaying the intricacies of Small-Sword Play. *London, prin-*ted *for James Lavers* (1780) ; in-4, cart., *non rogné.*   70 fr.

Frontispice et 19 planches gravés sur cuivre par *Newton.*
EDITION ORIGINALE. Rare.
Bel exemplaire à toutes marges.

3131. **Magny** (Olivier de). LES AMOURS D'OLIVIER DE MAGNY Quercinois, et quelques Odes de luy. Ensemble un recueil d'aucunes œuvres de Monsieur Salel, abbé de Saint-Cheron, non encore veues. *A Paris, par Estienne Groullau,* 1553 ; in-8 de 8 ff. lim. et 84 ff. chiffr. (le dernier blanc), veau, dos orné, fil. (*Rel. anc.*)   400 fr.

Très bel exemplaire dans son ancienne reliure, de ce très rare volume dont le deuxième f. lim. est occupé au r° par le charmant portrait, gravé sur bois, de la Castianire, la célèbre et trop insensible maîtresse du poète.

3132. **Maintenon** (Mme de). Lettres de Madame de Maintenon, à diverses personnes, et à M. d'Aubigné, son frère. (Recueillies par Angliviel de La Beaumelle.) Seconde édition. *Amsterdam,* 1756 ; 9 tomes en 3 vol. — Mémoires pour servir à l'histoire de Mme de Maintenon, et à celle du siècle passé, par M. de La Baumelle. *Amsterdam,* 1756 ; 6 tomes en 2 vol. Ens. 15 tomes en 5 vol. in-12, mar. vert, dos orné (*Rel. anc.*)   60 fr.

Édition la plus belle que l'on ait de cet ouvrage de La Baumelle et du recueil des Lettres de Mme de Maintenon.

3133. **Manet** (F.-G.-P.-B.). Biographie des Malouins célèbres, nés depuis le 15e siècle jusqu'à nos jours, précédée d'une notice historique sur la ville de Saint-Malo, depuis son origine. *Saint-Malo,* 1824 ; in-8, br.   7 fr.

3134. **Manuscrit** (le) venu de Ste-Hélène apprécié à sa juste valeur. *Paris, Michaud,* 1817; in-8, br. 3 fr.

3135. **Marguerite de Valois,** reine de France. Les Mémoires de la reine Marguerite. *Paris, Charles Chappellain,* 1628 ; in-8, mar. rouge, dos orné, fil., tr. dor. (*Duru et Chambolle*)   120 fr.

ÉDITION ORIGINALE. Très bel exemplaire. On a relié à la suite : *La Fortune de Cour. Ouvrage curieux tiré des mémoires d'un des principaux conseillers du duc d'Alençon, frère du roi Henri III. Paris, Mc. de Servy,* 1642. Cet ouvrage, dont l'auteur est le sieur de la Neuville des Isles, complète les mémoires de Marguerite.

3136. Marolles (Michel de). Mémoires, avec des notes historiques et critiques (par l'abbé Goujet). *Amsterdam* (*Paris*), 1755 ; 3 vol. in-12, demi-rel. veau gris, dos orné, *non rognés.* 12 fr.

> On trouve dans cette édition les « noms de ceux qui ont donné leurs livres à l'abbé de Marolles ».

3137. Marot (Clément). Les Œuvres de Clément Marot, de Cahors en Quercy, valet de chambre du Roy. Reveues et corrigés de nouveau. *Rouen, Raphael du Petit Val,* 1607 ; pet. in-12, mar. vert, dos orné, fil., tr. dor. (*Trautz-Bauzonnet*). 50 fr.

> Belle édition imprimée en lettres italiques.

3138. Marot (Clément). Œuvres de Clément Marot, revues sur plusieurs ms. et sur plus de quarante éditions ; avec les ouvrages de Jean Marot, son père, ceux de Michel Marot, son fils, et les pièces du différent de Clément avec François Sagon. *La Haye, P. Gosse et J. Neaulme,* 1731 ; 6 vol. in-12, veau fauve, dos orné (*Rel. anc.*) 25 fr.

> Belle édition donnée par Langlet du Fresnoy, plus complète que les précédentes.

3139. Maundrell (Henri) et Charles **Patin.** Voyage d'Alep à Jérusalem, à Pâques en l'année 1697 par Henri Maundrell. Traduit de l'anglais. *Utrecht,* 1705. — Relations historiques et curieuses de voyages en Allemagne, Angleterre, Hollande, Bohême, Suisse, etc., par Ch. Patin. *Amsterdam, Mortier,* 1695. Ens 2 vol. in-12, parch. 8 fr.

> Frontispices et figures en taille-douce.

3140. Meibomius. De l'Utilité de la Flagellation dans la médecine et dans les plaisirs du mariage. Ouvrage singulier traduit du latin et enrichi de notes historiques, critiques et littéraires (par Mercier de Compiègne). *Londres* (*Besançon*), 1801 ; in-8, mar. Lavallière, comp. de fil. à froid, tr. dor. (*Duru*). 25 fr.

> Édition la plus complète et la plus recherchée. Exemplaire en PAPIER FIN.

3141. Mélanges confus sur des matières fort claires, par l'auteur du « Gazetier cuirassé » (le chevalier Ch. Théveneau de Morande). *Imprimé sous le soleil* (*Londres,* 1771) ; in-8, br. 7 fr.

3142. Mémoire pour le sieur de La Bourdonnais, avec les pièces justificatives (par Pierre de Gennes). *Paris, Delaguette,* 1751 ; 3 vol. in-12, mar. violet, dos orné, fil., tr. dor. 15 fr.

> Bel exemplaire dans une reliure très fraiche.

3143. Mémoires de la Cour de Louis Napoléon et sur la Hollande. *Paris, Ladvocat,* 1828 ; in-8, br. 8 fr.

> Ces mémoires sont dus à Louis Garnier, chef du garde-meuble de Louis Bonaparte.

3144. Mémoires pour servir à l'histoire de la Calotte. Nouvelle édition augmentée des III et IV parties (par Plantavit de la Pause, l'abbé de Margon, l'abbé P.-F. Guyot-Desfontaines, J. Aymon, Fr. Gacon, P. C. Roy et autres). *Aux États calotins, de l'impr. calotine,* 1752 ; 4 parties en un vol. in-12, veau. 15 fr.

> Le régiment de la calotte fut installé sous Louis XIV par un officier cité pour les grâces de son esprit et les agréments de sa personne. La dénomination donnée à cette phalange vient de ce que les médecins avaient ordonné à cet officier de porter une petite calotte à cause des maux de tête violents dont il était atteint. Plusieurs de ses camarades imaginèrent de former sous ses lois un régiment où seraient admis seulement les personnages d'une naissance élevée, mais surtout ceux que l'on citait pour leurs équipées et leurs extravagances. Un général fut élu, puis des colonels, des lieutenants ; on publiait des brevets et des patentes. Les beaux esprits adressaient des madrigaux et des bouquets aux dames et des épigrammes aux tuteurs et aux maris. (Revue britannique.)

3145. Mémoires secrets sur la vie privée, politique et littéraire de Lucien-Napoléon Buonaparte, prince de Canino, rédigés sur sa correspondance et sur des pièces authentiques. *Bruxelles, Maubach,* 1818 ; in-8, br. 8 fr.

3146. Menestrier (Le Père). Des Ballets anciens et modernes selon les règles du Théâtre. *Paris, René Guignard,* 1682 ; in-12, bas. 8 fr.

> PREMIÈRE ÉDITION.

Et de Livres anciens et modernes

3147. Menestrier (Le Père). Origine des Armoiries par le R. P. C. F. Menestrier. *Paris, Thomas Amaulry,* 1680 ; pet. in-12, veau brun (*Rel. anc.*)   12 fr.

Frontispice et figures en taille-douce. PREMIÈRE ÉDITION. Très rare.

3148. Ménestrier (Le Père). Traité des tournois, joustes, carrousels et autres spectacles publics. *Lyon, Jacques Muguet,* 1691 ; in-4, veau (*Rel. anc.*) 20 fr.

Figures en-têtes gravées sur cuivre d'après les dessins de *Derbage.* Exemplaire aux armes de TURGOT.

3149. Méray (Antony). Les libres Precheurs, devanciers de Luther et de Rabelais. Etude historique, critique et anecdotique sur les XIVe, XVe et XVIe siècles. *Paris, Claudin,* 1860 ; in-16, br.   5 fr.

Raulin, Savonarole, Ol. Maillard, Barelete, Menot, Pepin, G. de Pavilly, Legrand, Halkot, Boucher. PAPIER DE HOLLANDE.

3150. Mignard. Le Roman en vers de Girart de Rossillon, jadis duc de Bourgogne. *Paris, Techener,* 1858 ; in-4, br.   10 fr.

Figures en couleurs reproduisant des pages du manuscrit.

3151. Moisant de Brieux. Les Origines de quelques Coutumes anciennes, et de plusieurs façons de parler triviales, avec un vieux manuscrit en vers, touchant l'origine des chevaliers bannerets de Bretagne (par Jacq. Moisant de Brieux). *Caen, Jean Cavelier,* 1672 ; pet. in-12, mar. bleu à longs grains, dos orné, fil., tr. dor. (*Thouvenin*).   100 fr.

Ouvrage extrêmement rare : il donne les explications de locutions telles que : *Ferrer la mule. Laisser aller le chat au fromage. Passer la plume par le bec. Rotir le balai, Faire la figue,* et autres manières de parler proverbiales. Bel exemplaire.

3152. Monacologie, illustrée de figures sur bois. *Paris, Paulin,* 1844 ; pet. in-8 de 96 pp., demi-rel. dos et coins de mar. vert, dos orné, tête dor., éb.   5 fr.

Cette publication, due à M. Charles Martins, reproduit, en regard du texte latin d'Ignace de Born, la traduction qu'en a donnée P.-M.-A. Broussonnet, sous le titre de : « Essai sur l'histoire naturelle de quelques espèces de moines » mais améliorée.

3153. Monde (Le), son origine et son antiquité. Première partie. De l'Ame et de son immortalité. Seconde partie. *Londres (Paris, Briasson),* 1751 ; 2 tomes en un vol. in-12, veau fauve, dos orné (*Rel. anc.*)   35 fr.

Ouvrage rare qui fut condamné au feu par le Parlement. La préface en fut rédigée par l'abbé J.-B. le Mascrier, la première partie par J.-F. Bernard et la seconde par J.-B. de Mirabaud. Bel exemplaire portant sur le dos et aux angles des plats les pièces d'armoiries du duc de ROHAN-SOUBISE.

3154. Montrol (F. de). Histoire de l'émigration, 1789-1825. *Paris, Ponthieu,* 1825 ; in-8, br.   4 fr.

3155. Moralité des Blasphémateurs de Dieu à dix-sept personnages. *Paris, Silvestre,* 1831 ; pet. in-fol. goth. format agenda, mar. rouge, double rangée de fil., *non rogné (Closs).* 25 fr.

Un des 86 exemplaires sur PAPIER DE HOLLANDE de cette réimpression exécutée par Crapelet.

3156. Morin (C.-M.). Révélation de faits importans qui ont préparé ou suivi les Restaurations de 1814 et 1815. *Paris, Audin,* 1830 ; in-8, br.   3 fr.

3157. Mortonval. Histoire des Guerres de la Vendée depuis 1792 jusqu'en 1796. *Paris, Ambroise Dupont,* 1828; in-8, portr., br. 3 fr.

3158. Mouhy (Ch. de Fieux, chevalier de). La Mouche, ou les espiégleries et avantures galantes de Bigand. Nouvelle édition revue et corrigée. *Venise et Paris,* 1777 ; 4 vol. in-12, br.   15 fr.

4 figures en taille-douce.

3159. Musée des Deux Mondes. Reproductions en couleur de tableaux, aquarelles et pastels des meilleurs artistes. *Paris, Bachelin-Deflorenne, s. d.;* 6 vol. gr. in-4, cart. percal., fers spéciaux, tr. dor.   40 fr.

3160. Napoléon III. Œuvres posthumes et autographes inédits de Napoléon III en exil, recueillis et coordonnés par le comte de la Chapelle. *Paris, Lachaud,* 1873 ; gr. in-8, portr. et autogr., br. 10 fr.

3161. Naudé. La Bibliographie politique du Sr Naudé, contenant les livres et la méthode nécessaire à estudier la Politique. Traduit du latin (par Challine). *Paris, Vve Guill. Pelé*, 1642 ; in-8, bas. 12 fr.

Légère piqûre de vers et mouillure.

3162. Nérée-Desarbres. Sept ans à l'Opéra. Souvenirs anecdotiques d'un secrétaire particulier. *Paris, Dentu*, 1864 ; in-12, demi-rel. dos et coins de mar. orange, dos orné, tête dor., *non rogné*, couv.   7 fr.

Vignettes sur bois dans le texte.

3163. Nivelle de la Chaussée. Œuvres de Théâtre. *Paris, Prault*, 1752 ; 3 vol. in-12, veau marbr., dos orné (*Rel. anc.*)   7 fr.

3164. Nodier (Charles). Bonaventure Despériers. — Cirano de Bergerac. *Paris, Techener*, 1841 ; in-8, demi-rel. dos et coins de mar. rouge, tête dor., *non rogné*. 8 fr.

Papier vergé.

3165. Nodier (Ch.). Une Corbeille de rognures ou feuillets arrachés d'un livre sans titre. *Tournai*, 1836 ; in-8, cart., *non rogné*. 6 fr.

Opuscule tiré à 40 exemplaires, un des 3 sur papier gris.

3166. Nodier (Ch.). Histoire du roi de Bohême et de ses sept châteaux. *Paris, Delangle*, 1830 ; in-8, fig., demi-rel. chagrin bleu, tête dor., *non rogné*.   25 fr.

Illustrations de *Tony Johannot*.

3167. Nogaret. Le Fond du sac ou restant des babioles de M. X***, membre éveillé de l'Académie des Dormans. *A Venise, chez Pantalon-Phébus (Cazin)*. 1780 ; 2 tomes en un vol. in-16, mar. rouge, dos orné, fil., tr. dor.   25 fr.

Portrait et nombreuses figures à mi-page par *Durand*.

3168. Nouveau Dictionnaire des Girouettes ou nos grands hommes peints par eux-mêmes, par une Girouette inamovible. *Paris*, 1832 ; in-8, br.   3 fr.

3169. Nouvelles Découvertes sur l'état de l'ancienne Gaule du temps de César (par M. de Mandajors). *Paris, G. de Luynes*, 1696 ; in-12, veau.   4 fr.

Exemplaire ayant appartenu à Dulaure, historien de Paris, dont la signature est sur la garde du volume.

3170. Olivier. L'Art des armes simplifié, ou nouveau traité sur la manière de se servir de l'épée, enrichi de figures en taille-douce. Nouvelle édition revue, corrigée et augmentée de plusieurs planches. *Londres, J. Bell*, 1780 ; in-8, veau fauve.   60 fr.

14 planches gravées en taille-douce par *Jenkins, Grignon, Blake, Goldar*, d'après *J. Roberts* et *Jenkins*. Texte anglais et français.

3171. O'Meara (Barry E.). Napoléon en exil ou l'écho de Ste Hélène. *Paris, Constant-Chantpie*, 1822 ; 2 vol. in-8, br.   8 fr.

3172. Ouville (Ant. Le Metel, d'). L'Elite des Contes du sieur d'Ouville. *Paris, N. Pepingué*, 1669 ; 2 vol. in-12, demi-rel. chagr. rouge.   40 fr.

Rare et curieux recueil d'anecdotes. — Mouillures.

3173. Ouville (Ant. Le Metel, sieur d'). L'Elite des Contes du sieur d'Ouville. *La Haye, Meindert Uytwerf*, 1703 ; 2 tomes en un vol. pet. in-12, vélin.   25 fr.

Très jolie édition très rare et très estimée. Exemplaire de la bibliothèque Potier.

3174. Ovide. Pub. Ovide Nasonis Metamorphoseon libri XV. Ad fidem editionum optimarum et codicum manuscriptorum examinati, animadversi, necnon notis illustrati opera et studio Thomæ Farnabii. *Parisiis, Ægid. Morellus*, 1637 ; gr. in-4, veau marbr., dos orné. 15 fr.

Édition illustrée d'un frontispice, d'un portrait et de 15 planches gravés en taille-douce par *Salomon Savery*, d'après *Fr Clein*.

3175. Pallu (François), évêque d'Héliopolis. Relation abrégée des Missions et des voyages des Evesques françois, envoyez aux royaumes de la Chine, Cochinchine, Tonquin et Siam. *Paris, Denys Bechet*, 1668 ; in-8, veau.   20 fr.

Signature sur le titre.

3176. Paradoxe sur les femmes où l'on tâche de prouver qu'elles ne sont pas de l'espèce humaine. *Cracovie (France*, 1766) ; in-12, demi-rel. dos et coins de veau, dos orné.   10 fr.

Traduction libre, par Charles Clapiès, médecin, de l'opuscule dont Valens Alcidalius n'a été que l'éditeur.

Et de Livres anciens et modernes

3177. **Paris.** Plan de la ville et faubourg de Paris, avec tous ses accroissemens et la nouvelle enceinte des barrières de cette capitale. *Paris, Mondhare et Jean,* 1790 ; une feuille in-fol. montée sur toile. 20 fr.

Plan très intéressant en ce qu'il donne la topographie de la capitale à l'époque de la Révolution.

3178. **Paris,** Versailles et les provinces au XVIII⁰ siècle. Anecdotes sur la vie privée de plusieurs ministres, évêques, magistrats célèbres, hommes de lettres, par un ancien officier aux gardes française (le marquis Dugast de Bois de Saint-Just, avec des retranchements et des additions par Mély-Janin). *Paris, Nicolle,* 1811 ; 2 vol. in-8, br. 15 fr.

3179. **Partisans** (les) demasquez, ou suite de l'art de voler sans ailes. Nouvelle galante. *Cologne, Adrien l'Enclume,* 1709 ; pet. in-12, front., demi-rel. mar. brun (*Vogel*). 5 fr.

3180. **Pascal** (Blaise). Pensées de M. Pascal sur la religion et sur quelques autres sujets, qui ont esté trouvées après sa mort parmi ses papiers . Seconde édition . *Paris. Guill. Desprez,* 1670 ; in-12 de 39 ff. lim., 348 pp. et 10 ff. de table, veau. 35 fr.

Exemplaire aux armes.

3181. **Pascal** (Blaise). Les Provinciales, ou lettres escrites par Louis de Montalte, à un provincial de ses amis, et aux RR. PP. Jésuites : sur le sujet de la morale, et de la politique de ces Pères. *Cologne, Pierre de la Vallée,* 1657 ; pet. in-12. vélin. 60 fr.

PREMIÈRE ÉDITION sous cette date en 398 et 111 pp. imprimée par Louis et Daniel Elzevier d'Amsterdam. Haut. 132 mm.

3182. **Pascal** (Blaise). Les Provinciales ou lettres par Louis de Montalte, à un provincial de ses amis, et aux RR. PP. Jésuites. Septième édition, dans laquelle on a ajouté la lettre d'un avocat du parlement à un de ses amis. *Cologne, Nicolas Schoute,* 1669 ; pet. in-12. vélin. 25 fr.

Édition imprimée par Daniel Elzevier d'Amsterdam (voy. Willems, 1419). — Haut. : 129 mill.

3183. **Pascal** (Blaise). Traitez de l'équilibre des liqueurs, et de la pesanteur de la masse de l'air. *Paris, G. Desprez,* 1663 ; in-12, veau. 12 fr.

2 planches. Aux armes de César de *Crémaux, marquis d'Entragues.*

3184. **Pasquier** (Estienne). Les Jeux poetiques — La Puce ou jeus poetiques françois latins, composez sur la Puce aux Grands Jours de Poitiers l'an M.D.LXXIX, dont Pasquier feut le premier motif — La Main ou œuvres poétiques faits sur la Main d'E. Pasquier aux Grand Jours de Troye, 1583. *Paris, Jean Petit-Pas,* 1610 ; pet. in-8, portr., veau. 20 fr.

3185. **Passe-Partout** (le) galant, par M***, chevalier de l'ordre de l'industrie et de la gibecière. *A Constantinople, à l'impr. de Sa Hautesse.* — L'Art de plumer la poulle sans crier. *A Cologne, chez Robert le Turc,* 1710 ; ens. 2 tomes en un vol. pet. in-12, vélin à recouvrements. 20 fr.

Le premier volume est un recueil d'anecdotes satiriques dirigées contre le clergé. Le second est un recueil d'histoires galantes où les magistrats et les financiers jouent des rôles peu édifiants.
Frontisp. représentant une vue de Paris.

3186. **Passerat** (Jean). Recueil des Œuvres poétiques de Jean Passerat, lecteur et interprète du roy. Augmenté de plus de la moitié, outre les precedentes impressions. *Paris, Abel Langelier,* 1606. — Joannis Passeratii Kalendæ Januariæ et varia quædam poëmatica. *Parisis, apud Abel Angelerium,* 1606. Ens. 2 tomes en un vol. pet. in-8, veau fauve, dos orné, fil. (*Rel. anc*). 75 fr.

Bel exemplaire.

3187. **Passerius**. Picturæ etruscorum in vasculis, nunc primum in unum collectæ explicationibus et dissertationibus inlustratæ a Joh. Baptista Passerio nob. Pisaur. *Romæ, ex typ. Johannis Zempel,* 1767-1775 ; 3 vol. gr. in-fol., cuir de Russie, dos orné, fil. (*Rel. anc.*). 150 fr.

Très bel exemplaire avec 300 planches finement coloriées.

3188. **Patin** (Charles). Histoire des Médailles ou introduction à la connoissance de cette science. *Paris, Vve Mabre-Cramoisy*, 1695 ; in-12, **veau, dos orné.**   5 fr.

Frontispice et figures de médailles, gravés en taille-douce.

3189. Peignot. Dictionnaire critique, littéraire et bibliographique des principaux livres condamnés au feu, supprimés ou censurés. *Paris, Renouard*, 1806 ; 2 vol. in-8, veau fauve, dos orné, fil. (*Rel. anc.*).   20 fr.

Excellent ouvrage par ses notes critiques et les renseignements qu'elles renferment.

3190. Péréfixe (Hardouin de). Histoire du roy Henry le Grand, composé par messire Hardouin de Perefixe, archevesque de Paris. Reveue et corrigée par l'auteur. *Amsterdam, Daniel Elzevier*, 1678 ; pet. in-12, front., mar. rouge jans., tr. dor. (*David*).   25 fr.

Haut. : 128 mill.

3191. Perse. Satires de Perse. Traduction nouvelle, avec le texte latin à côté et des notes par M. l'abbé le Monnier. *Paris, Jombert*, 1771 ; in-8, veau tigré, dos orné, dent., *non rog.* (*Rel. anc.*).   25 fr.

Frontispice de *Cochin*. gravé par *Rousseau*.
Bel exemplaire à toutes marges provenant des bibliothèques RENOUARD et LA BÉDOYÈRE.

3192. Perrens (F.-T.). Étienne Marcel, prévôt des marchands, 1354-1358. *Paris, impr. nationale*, 1874; in-4, cart.   10 fr.

Ouvrage fort important pour l'histoire de Paris.

3193. Petit Conteur (Le) amusant et chantant. Etrennes d'un nouveau genre. *Paris, Janet*, 1803 ; in-24, mar. vert, dent., tr. dor. (*Rel. anc.*).   60 fr.

Titre gravé et 12 jolies gravures non signées.

3194. Peyrusse (Baron). Mémorial et archives. *Carcassonne, Labau*, 1869 ; in-4, br.   3 fr.

3195. Philosophe (le) cynique, pour servir de suite aux Anecdotes scandaleuses de la cour de France (par Ch. Théveneau de Morande). *Londres*, 1777 ; in-8, br.   7 fr.

Curieuses anecdotes de la fin du XVIII siècle.

3196. Physique (la) occulte, ou traité de la baguette divinatoire. *La Haye, Adr. Mœtjens*, 1762 ; 2 vol. in-12, demi-rel. veau gris, *non rognés*.   12 fr.

Cet ouvrage est de Pierre Le Lorrain, dit l'abbé de Vallemont.
Bel exemplaire orné de jolies figures en taille-douce.

3197. Picot (Emile). Bibliographie Cornélienne ou description raisonnée de toutes les éditions des Œuvres de Pierre Corneille. *Paris, Fontaine*, 1876 ; in-8, portr., br. 7 fr.

Excellente bibliographie de notre grand tragique, analysant non seulement toutes les éditions parues de 1636 à 1875, mais encore tous les ouvrages relatifs à Corneille et à ses écrits. PAPIER VERGÉ.

3198. Piganiol de la Force. Nouvelle description des châteaux et parcs de Versailles et de Marly, contenant une explication historique de toutes les peintures, tableaux, statues, vases et ornemens qui s'y voient, etc. Sixième édition. *Paris, Vve Delaulne*, 1730 ; 2 vol. in-12, veau.   8 fr.

Plans et figures en taille-douce.

3199. Pimodan (Marquis Georges de). Souvenirs du général, marquis de Pimodan, 1847-1849, avec une introduction et des notes par un ancien officier. *Paris, Champion*, 1891 ; 2 vol. pet. in-8, cartes et port., br.   5 fr.

3200. Piron. Voyages de Piron à Beaune. Seule relation complète et en partie inédite. Publié par Honoré Bonhomme, *Paris, Gay*, 1863 ; in-12, br.   5 fr.

Exemplaire sur PAPIER DE CHINE.

3201. Pluvinel. L'INTRUCTION DU ROY en l'exercice de monter à cheval, par Messire Antoine de Pluvinel... Le tout enrichy de grandes figures en taille-douce desseignées et gravees par Crispian de Pas, le jeune. *A Paris, chez Michel Nivelle*, 1625 ; in-fol., veau fauve, fil. à froid, tr. rouge.   400 fr.

Première édition conforme au manuscrit de l'auteur, contenant 1 frontispice, 4 portraits et 57 planches.
Bel exemplaire portant le nom de LE PETIT, doré sur le premier plat de la reliure.

Et de Livres anciens et modernes

3202. Podestat (Maurice de). La Comédie au Boudoir. *Paris, Lacroix*, 1868 ; in-12, br. (couv. ill.). 10 fr.

7 eaux-fortes tirées sur Japon par *Feyen-Perrin, Lalanne, Martial. E. Morin, Beyle*, et 14 vignettes sur bois. Exemplaire sur PAPIER DE CHINE.

3203. Poète (Le), ou mémoires d'un homme de lettres (Desforges) écrits par lui-même. *Hambourg*, 1799 ; 8 tomes en 4 vol. pet. in-12, fig., demi-rel. bas. 60 fr.

Ouvrage intéressant dans lequel Desforge raconte ses bonnes fortunes, illustré de figures non signées.

3204. Porta (J.-B.). La Physionomie humaine, divisée en quatre livres. Enrichie de quantité de figures tirées au naturel, où par les signes extérieurs du corps, on voit si clairement la complexion, les mœurs et les dessins des hommes, qu'on semble pénétrer jusqu'au plus profond de leurs âmes. Nouvellement traduite du latin par le sieur Rault. *Rouen, Jean et David Berthelin*, 1655 ; in-8, vélin. 25 fr.

Édition imprimée à Rouen par Claude Grivet, ornée de nombreuses figures sur bois comparant les faces humaines à différentes têtes d'animaux.

3205. Porte-feuille d'un talon rouge, contenant des anecdotes galantes et secrètes de la cour de France. *A Paris, de l'impr. du comte de Parades*, 178* ; in-12 de 42 pp., demi-rel. mar. rouge, tête dor., *non rogné* (Knecht). 20 fr.

Les exemplaires de cette violente pièce satirique ayant été en partie détruits, sont devenus extrèmement rares.

3206. Poullain Duparc. Observations sur les ouvrages de feu M. de la Bigotière de Perchambault, doyen du parlement de Bretagne. *Rennes, Vatar*, 1766 ; in-12, veau. 4 fr.

Livre relatif aux Coutumes de Bretagne.

3207. Prade. Histoire du Tabac, où il est traité particulièrement du tabac en poudre, par M. de Prade. *Paris, Le Prest*, 1677 ; in-12, veau. 5 fr.

Portrait du marquis de Foix et 2 pl. en taille-douce.

3208. Principes sur la nullité du Mariage, pour cause d'impuissance (par M. Boucher d'Argis); avec le traité de M. le président Bouhier, sur les procédures qui sont en usage en France, pour la preuve de l'impuissance de l'homme. *Londres (Paris)*, 1756 ; in-8, veau marbr. 10 fr.

Curieux ouvrage.

3209. Procès-Verbal de l'Assemblée de Notables, tenue à Versailles en l'année 1788. *Paris, impr. royale*, 1788 ; in-8, br. 4 fr.

3210. Proyart (l'abbé). Vie de Madame Louise de France, religieuse carmélite, fille de Louis XV. Nouvelle édition. *Lyon, Rusand*, 1805; 2 vol. in-12, portr., cart., *non rognés*. 6 fr.

3211. Rabaut (J.-P.). Almanach historique de la Révolution française pour l'année 1792. *Paris Onfroy*, (1792) ; in-16, demi-rel. mar. rouge, tête dor., *non rogné*. 16 fr.

6 charmantes figures par *Moreau le jeune*, gravées par *Simonet. Langlois, Halbou, Hubert, Coiny* et *de Longueil*.

3212. Rabelais. Œuvres de maître François Rabelais, avec des remarques historiques et critiques par M. le Duchat. Nouvelle édition ornée de figures de B. Picart. Augmentée de quantité de nouvelles remarques de M. le Duchat. *Amsterdam, Jean-Frédéric Bernard*, 1741 ; 3 tomes en 2 vol. in-4, cart., *non rognés*. 250 fr.

Très bel exemplaire entièrement NON ROGNÉ, illustré d'un frontispice par *Folkema*, de 3 figures et du portrait de l'auteur par *Tanjé*, d'un titre gravé et de 8 culs-de-lampe par *B. Picart*, et de 12 estampes par *Dubourg*, gravées par *Bernaerts, Folkema* et *Tanjé*. — Superbes épreuves.

3213. Rabelais. Les Songes drolatiques de Pantagruel, où sont contenues plusieurs figures de l'invention de maistre François Rabelais, avec une introduction et des remarques par M. E. T. (Edwin Tross). *Paris, Tross*, 1869 ; pet. in-8, br. 10 fr.

PAPIER DE CHINE.

3214. Rabelli. Mascarades monastiques et religieuses de toutes les nations du globe, représentées par des figures coloriées dans la plus exacte vérité, avec l'abrégé historique, chronologique et critique de chaque ordre, enrichi de notes sur l'origine de toutes ces pieuses folies par Giacomo Carlo Rabelli. *A Paris, l'an Ier de la République française, 1792, imprimé l'an II ;* in-8, demi-rel. dos et coins de mar. vert, dos orné, tête dor., *non rogné.*   45 fr.

Ouvrage illustré de 26 figures coloriées. Le nom véritable de l'auteur est Jacques-Charles Bar, auteur d'un ouvrage ayant le même sujet, mais traité dans un tout autre ordre d'esprit.
Bel exemplaire.

3215. Racine. (Jean). Œuvres de Jean Racine, avec des commentaires par M. Luneau de Boisjermain. *Paris, impr. de Louis Cellot,* 1768 ; 7 vol. in-8, portr. et fig., veau racine, dos orné, dent., tr. dor. (*Rel. anc.*)   75 fr.

Bel exemplaire de cette édition illustrée des figures de *Gravelot,* tirées AVANT LA LETTRE, sans caches, ce qui est fort rare. Belles épreuves.

3216. Racine (J.). Œuvres de Jean Racine. *Paris, Pierre Didot l'ainé,* 1801 ; 3 vol. in-fol., cart., *non rognés.*   200 fr.

Splendide édition, l'un des chefs-d'œuvre typographiques sortis des célèbres ateliers de Didot, supérieurement illustré d'un frontispice de *Prud'hon,* gravé par *Marais,* et de 56 estampes gravées en taille-douce par *Massard, Duval, Girardet, Ponce,* etc., d'après les dessins de *Gérard, Girodet, Taunay, Moitte, Prud'hon* et autres.
Bel exemplaire sur PAPIER VÉLIN, entièrement NON ROGNÉ.

3217. Rapp (Général). Mémoires du Général Rapp, aide de camp de Napoléon, écrits par lui-même et publiés par sa famille. *Paris, Bossange,* 1823 ; in-8, portr., br. 5 fr.

3218. Recherches historiques sur les Cartes à jouer, avec des notes critiques et intéressantes (par Bullet). *Lyon, Deville,* 1757 ; in-12, veau fauve.   12 fr.

Piqûre de vers.

3219. RECUEIL DE 105 POR-TRAITS et figures en 2 vol. in-16, mar. bleu, fil. dor. et dent. à froid, tr. dor. (*Rel. anc.*) 1,000 fr.

Précieux recueil aux armes de la duchesse DE BERRY, contenant :
1° 100 petits portraits en médaillon, gravés au *Physionotrace* par *Chrétien* et *Quenedey,* dont 85 tirés en couleur AVANT LA LETTRE ; 5 tirés en couleur, avec la lettre et 8 tirés en noir, dont 6 AVANT LA LETTRE (J.-M. Chénier, J.-J. Rousseau, Parmentier, Carnot, lord Winchester, etc.).

2° Une petite gravure, non signée, représentant Napoléon à Sainte-Hélène ;
3° Un petit médaillon en couleur, portrait de Napoléon Ier gravé par *Godefroy:*
4° Un portrait de Voltaire, médaillon en couleur ;
5° Un médaillon emblématique colorié, représentant le dauphin Louis XVII ;
6° Un portrait de Louis XVIII, colorié.

3220. Recueil de dissertations anciennes et nouvelles sur les apparitions, les visions et les songes, avec une préface historique par M. l'abbé Lenglet Dufresnoy. *Avignon et Paris, Leloup,* 1751 ; 4 vol. in-12, br.   10 fr.

3221. Recueil de pièces choisies, tant en prose qu'en vers. *La Haye, Van-Lom, P. Gosse et Albers,* 1714 ; 2 vol. in-12, bas.   15 fr.

Voyage de Chapelle et Bachaumont. — Lettre de Racine. — Poésies du chevalier d'Aceilly. — Avis à Ménage. — La Satire des satires par Boursault. — Relation des campagnes de Rocroi et de Fribourg. — Les Visionnaires par Desmarets, etc.
Exemplaire aux armes de BATHÉON DE VERTRIEU.

3222. Recueil general des pièces contenues au procéz de M. le marquis de Gesvres et de Mademoiselle de Mascranni, son épouse (par Begon). Nouvelle édition. *Rotterdam, Reinier Leers,* 1714 ; 2 vol. in-12, veau fauve, dos orné (*Rel. anc.*) 12 fr.

Procès célèbre où le marquis de Gêvres était accusé d'impuissance par sa femme.
Bel exemplaire.

3223. Réglement pour l'Opéra de Paris, avec des notes historiques (par A.-G. Meusnier de Querlon). *A Utopie, chez Thomas Morus,* 1743; in-12, titre gravé, vélin. 20 fr.

Petit ouvrage satirique où l'on trouve quelques anecdotes piquantes.

3224. Regnier. Les Satyres du sieur Regnier. Dernière édition, revue, corrigée et de beaucoup augmentée, tant par le sieur de Sigogne que de Berthelot. *Paris, N. et J. de la Coste,* 1635 ; pet. in-8, vélin. 15 fr.

Bon exemplaire. Signature sur le titre.

3225. Restif de la Bretonne. L'Andrographe, ou idées d'un honnête homme, sur un projet de règlement proposé à toutes les nations de l'Europe, pour opérer une réforme générale des mœurs. Recueillies par N.-E. Rétif de la

Bretonne. *La Haye et Paris,* 1782 ; in-8, veau.   10 fr.

3226. Restif de la Bretonne. Le Thesmagraphe, ou idées d'un honnête homme sur un projet de règlement proposé à toutes les nations de l'Europe, pour opérer une réforme générale des lois. *La Haye et Paris.* 1789 ; in-8, veau. 10 fr.

3227. — Les Veillées du Marais, ou histoire du grand prince Oribeau, roi de Mommoine, au pays d'Erinland ; et de la vertueuse princesse Oribelle, de Lagenie. *Imprimé à Waterford,* 1785 ; 4 parties en 2 vol. in-12, br., *non rognés.* 15 fr.

3228. Révolution française. Tafereelen van de Staatsomwenteling in Frankrijk. *Amsterdam, Johannes Allart,* 1794-1801 ; 2 vol. in-8, cart., *non rognés.*   160 fr.

Très bel exemplaire de ces tableaux de la Révolution publiés en 25 livraisons comportant 25 frontispices dessinés par *Winkeles* et *Vryday ;* 77 figures d'après *Brion, Benazech, Casenave. Duplessi-Bertaux, Girardet, Monnet, Ozanne, Pellegrini, Prieur, Swebach, Vernet,* gravées par *Bultuis, Winkeles* et *Vrydag.* et 79 portraits par *Claessens* et *Portmann.*

3229. Revue illustrée (La). Publication bi-mensuelle. *Paris, Baschet,* de l'origine, 15 décembre 1885 à fin 1889; 97 livraisons in-4, avec couvertures coloriées. 60 fr.

3230. Richer (L.). L'Ovide bouffon, ou les métamorphoses travesties en vers burlesques. *Paris, Est. Loyson,* 1662 ; in-12, front., veau brun, dos orné, tr. dor.   12 fr.

Cette édition contient un madrigal adressé par Scarron à Richer. — L'achevé d'imprimer est du 15 novembre 1661.

3231. Robida. Le XIXe siècle. Texte et dessins par A. Robida. *Paris, Georges Decaux,* 1888 ; in-4 cart., *non rogné.*   280 fr.

Exemplaire sur PAPIER DU JAPON avec une aquarelle originale de l'auteur peinte sur le faux-titre.
Envoi de l'éditeur à CONQUET et couverture illustrée en couleur.

3232. Rœderer (P.-L.). L'Esprit de la Révolution de 1789. *Paris,* 1831 ; in-8, br.   4 fr.

3233. Rœderer (P.-L.). Mémoires pour servir à l'histoire de la Société polie en France. *Paris, Firmin*

Didot, 1835 ; in-8, cart. toile, *non rogné.*   40 fr.

Curieux ouvrage n'ayant pas été mis dans le commerce et devenu très rare.

3234. Rohan (duc de). Mémoires du duc de Rohan, sur les choses qui se sont passées en France depuis la mort de Henri le Grand jusqu'à la paix faite avec les Réformés au mois de juin 1629. *Amsterdam,* 1756 ; 4 parties en 2 vol. pet. in-8, cart., *non rognés.*   12 fr.

3235. Roland (Madame). Sa détention à l'abbaye et à Sainte-Pélagie, 1793, racontée par elle-même dans ses mémoires. *Paris, G. Hurtrel,* 1886 ; pet. in-8 carré, br.   6 fr.

Illustrations de *A. Poirson.*

3236. Rolando (Gusman). The modern art of Fencing, agreeably to the practice of the most eminent masters in Europe, by le sieur Gusman Rolando. Carefully revised and augmented with a technical glossary, etc., by J. S. Forsyth. *London, Samuel Leigh,* 1822 ; pet. in-12, mar. vert.   50 fr.

Ouvrage illustré de charmantes figures en couleur dessinées par *W. Derby* et gravées par *Sid. Hall,* donnant toutes les attitudes de l'escrime. Elles sont en outre curieuses par les divers costumes des personnages représentés.

3237. Rolland (le président). Recherches sur les prérogatives des Dames chez les Gaulois, sur les cours d'amour ainsi que sur les privilèges qu'en France les mères nobles transmettaient autrefois à leurs descendans. *Paris, Nyon,* 1787 ; in-12, demi-rel. veau. 5 fr.

3238. Roucher. Les Mois, poëme, en douze chants, par M. Roucher. *Paris, impr. de Quillau,* 1779 ; 2 vol. in-4, bas.   45 fr.

5 belles figures par *Cochin. Marillier* et *Moreau,* gravées par *Gaucher, Ponce* et *Simonet.*
Exemplaire de BÉGUILLET.

3239. Rousselin (Alexandre). Vie de Lazare Hoche, général des armées de la République française. Seconde édition. *Paris, Buisson, an VI* (1799) ; 2 vol. in-8, demirel. dos et coins de veau fauve. 12 fr.

Portrait et cartes en taille-douce.

3240. Rovigo (Duc de). Mémoires pour servir à l'histoire de l'Empereur Napoléon. *Paris, Bossange,* 1828-1829 ; 8 vol. in-8. — Le duc de Rovigo en miniature ou de ses mémoires, par M. L. de Sevelinges. *Paris, Dentu,* 1828 ; in-8. Ens. 9 vol. in-8, br.   30 fr.

3241. Ruses (les) des filous et escrocs dévoilées (par J.-F. Tissot). *Paris, G. Mathiot,* 1811 ; 2 vol. in-12, demi-rel. chagr. vert, *non rognés.* 10 fr.

2 figures en taille-douce.

3242 Ruses innocentes (les) dans lesquelles se voit comment on prend les Oyseaux passagers et les non passagers : et de plusieurs sortes de bêtes à quatre pieds. Avec les plus beaux secrets de la pêche dans les rivières et dans les estangs. Le tout divisé en cinq livres, avec les figures. Par le F. F. F. R. D. G. (le frère François Fortin, religieux de Grandmont), dit le Solitaire inventif. *Paris, Ch. de Sercy,* 1688 ; gr. in-4, pl., veau.   60 fr.

Bonne édition.

3243. Saint-André. Lettres de M. de St-André, conseiller-médecin ord. du Roy, à quelques-uns de ses amis au sujet de la Magie, des Maléfices et des Sorciers. *Paris, Despilly,* 1725 ; in-12, veau granit, dos orné (*Rel. anc.*).   10 fr.

3244. Saint-Germain (Comte de). Correspondance particulière du comte de Saint-Germain, ministre de la guerre, avec M. Paris Duverney, conseiller d'Etat. *Londres et Paris,* 1789 ; 2 vol. in-8, bas. 8 fr.

Cet ouvrage a été publié par le général Philippe-Henri de Grimoard.

3245. Saint-Just. Organt, poëme en vingt chants. *Au Vatican (Paris),* 1789 ; 2 parties en un vol. in-18, veau vert granité, dos orné, dent., tr. dor. (*Rel. anc.*).   25 fr.

ÉDITION ORIGINALE de ce poëme du célèbre conventionnel, dont les exemplaires sont devenus très rares.

3246. Salnove (Robert de). La Venerie royale divisée en IV parties qui contiennent les Chasses du cerf, du lièvre, du chevreuil, du sanglier, du loup et du renard, avec le denombrement des forests et grands buissons de France, où se doivent placer les logemens,

questes et relais, pour y chasser. *Paris, André Soubron,* 1655 ; in-4, front., mar. rouge, dos orné, fil., tr. dor. (*Petit-Simier*). 175 fr.

Bel exemplaire de l'ÉDITION ORIGINALE.

3247. Sandeau (Jules). Madeleine. Dessins par Emile Bayard. *Paris, Hetzel, s. d.* (1881) ; gr. in-8, demi-rel. dos et coins de chagr. brun, tête dor., *non rogné.*   8 fr.

3248. Schmidt (Andreas). Leib-beschirmende und Feinden Trotz-bietende Fecht-Kunst; oder Leicht und getreue Anweisung auf Stross und Hieb zierlich und sicher zu fechten, von Johann Andreas Schmidt. *Nurnberg, J.-Ch. Weigel,* 1713 ; in-8 oblong, veau, dos orné.   50 fr.

Ouvrage allemand sur l'Escrime et la Lutte, orné d'un très grand nombre de jolies figures gravées en taille-douce et tirées dans le texte. Bel exemplaire.

3249. Ségur (Comte de). Histoire de Napoléon et de la Grande-Armée en 1812. 14e édition. *Paris, Houdaille,* 1852 ; in-8, demi-rel. bas., *non rogné.*   7 fr.

Figures en taille-douce. Quelques taches de rousseur.

3250. Semallé (Marie-Louis-Roger de). Souvenirs littéraires d'un gentilhomme campagnard. *Mamers,* 1887 ; in-8 carré, br.   3 fr.

3251. Semichon (Ernest). Les Reformes sous Louis XVI. Assemblées provinciales et Parlements. *Paris, Didier,* 1876; in-8, br. 4 fr.

3252. Sicard (abbé Augustin). L'Education morale et civique avant et pendant la Révolution (1700-1808). *Paris, Poussielgue,* 1884 ; in-8, br.   3 fr.

3253. Sieverbrück (J.). Manuel pour l'étude des règles de l'Escrime au fleuret et à l'espadon. *Paris, Ch. Tanera,* 1860 ; in-4, portr., br.   8 fr.

3254. Sigrais (Bourdon de). Histoire des Rats, pour servir à l'histoire universelle (par Sigrais). *Ratopolis,* 1737 : in-8, br.   15 fr.

Frontispice et figure.

3255. Simon (E.-T.). Correspondance de l'Armée française en Egypte interceptée par l'escadre de Nelson, publiée à Londres. *Paris, Garnery, an VII* (1799); in-8, br.   5 fr.

Carte de la Basse-Egypte.

3256. **Simon** (Henry). Armorial général de l'Empire français, contenant les armes de S. M. l'Empereur et Roi, des Princes de sa famille, des grands dignitaires, princes, ducs, comtes, barons, chevaliers et celles des villes de 1re, 2e et 3e classes, par Henry Simon, graveur du cabinet de S. M. *Paris, l'auteur*, 1812 ; in-fol., mar. vert, dos orné, ornem. sur les plats avec croix d'honneur au centre, doublé de moire, tr. dor. 150 fr.

Tome premier seul avec 70 planches en taille-douce. Rare.

3257. **Simonde de Sismondi.** Histoire de la chute de l'Empire romain et du déclin de la civilisation, de l'an 250 à l'an 1000. *Paris, Treuttel et Würtz*, 1835 ; 2 vol. in-8, demi-rel. veau fauve.   8 fr.

3258. **Singularités** historiques et littéraires (par dom Liron), contenant plusieurs recherches, découvertes et éclaircissements sur un grand nombre de difficultés de l'histoire ancienne et moderne. *Paris, Didot*, 1738 ; 2 vol. in-12, veau fauve, dos orné (*Rel. anc.*). 15 fr.

Exemplaire aux armes.

3259. **Snelgrave** (Guillaume). Nouvelle relation de quelques endroits de Guinée, et du commerce d'esclaves qu'on y fait, traduite de l'anglois par de Coulange. *A Amsterdam, aux dépens de la Compagnie*, 1735 ; in-12, carte, veau. 8 fr.

3260. **Somaize.** Le Grand Dictionnaire des Pretieuses, historique, poetique, géographique, cronologique et armoirique ; où l'on verra leur antiquité, Coustumes, Devises, Eloges, Etudes, Guerres, Héresies, Jeux, Lois, Langage, Mœurs, Mariage, Noblesse, par le sieur de Somaize. *Paris, Jean Ribou*, 1661 ; 3 part. en un vol. in-12, demi-rel. veau, tr. rouge.   20 fr.

La 3e partie donne la Clef des Pretieuses.

3261. **Sor** (Charlotte de). Le Duc de Bassano. Souvenirs intimes de la Révolution et de l'Empire. *Paris, de Potter*, 1844 ; 2 vol. in-8, br., couv.   5 fr.

3262. **Souvenirs** de la fin du XVIIIe siècle et du commencement du XIXe ou Mémoires de R. D. G. (René-Nicolas Dufriche des Genettes). *Paris, Firmin Didot*, 1835-1836 ; 2 vol. in-8, br.   8 fr.

3263. **Straparole.** Les Facetieuses Nuicts du seigneur Straparole (traduites par J. Louveau, revues par P. de Larivey). *S. l. (Paris, Guérin)*, 1726 ; 2 vol. in-12, veau.   50 fr.

Belle édition publiée par Bernard de La Monnoye.

3264. **Surville** (Clotilde de). Poésies [et poésies inédites] de Clotilde de Surville, poëte français du XVe siècle. Nouvelle édition publiée par C. Vanderbourg. *Paris, Nepveu*, 1825-1826 ; 2 vol. in-12, demi-rel. mar. vert, tête dor., *non rog.* 20 fr.

Gravures avec encadrements gothiques d'après *Colin*.
Le second volume a été publié par Charles Nodier et de Roujoux.

3265. **Swift.** Voyages de Gulliver (traduits de l'anglais de Swift, par l'abbé Desfontaines). *Paris, Coustelier*, 1727 ; 2 vol. in-12, fig. — Le Nouveau Gulliver, par M. L. D. F. (l'abbé Desfontaines). *Paris, Vve Clouzier*, 1730 ; 2 vol. Ens. 4 vol. in-12, veau fauve, dos orné, fil., tr. dor. (*Closs*).   100 fr.

ÉDITION ORIGINALE.

3266. **Tableau** des Guerres de la Révolution de 1792 à 1815, par P. G. (Paul Gayant), ancien élève de l'école polytechnique. *Paulin*, 1838 ; gr. in-8, br.   4 fr.

20 cartes, et 30 portraits gravés sur bois des généraux qui ont commandé en chef.

3267. **Tableau** des trois époques ou les philosophes avant, pendant et après la Révolution (par l'abbé Théard, de Nantes). *Paris, Rusand*, 1829 ; in-8, br.   4 fr.

PREMIÈRE ÉDITION.

3268. **Tablau général** de la Révolution française ou Etats des départements en 1793 (par l'abbé Guillon). *Paris, Vve Desbleds*, 1847 ; in-8, portr., br.   3 fr.

3269. **Tablettes** historiques, généalogiques et chronologiques (par Chasot de Nantigny). *Paris, Legras,* 1749-1757 ; 8 vol. in-12, demi-rel. veau.   35 fr.

Collection complète. Recueil comprenant principalement les duchés et toutes les terres érigées en titre de marquisat, comté, vicomté et baronie, etc. — Le 8ᵉ vol. est relié en veau plein.

3270. **Tainturier.** Recherches sur les anciennes manufactures de Porcelaine et de Faïence (Alsace et Lorraine). *Strasbourg,* 1868 ; in-8, br.   7 fr.

55 monogrammes et gravures.

3271. **Tasse** (Le). Les Veillées du Tasse, avec le texte italien en regard ; précédés de mémoires historiques et de recherches littéraires sur sa vie. Traduites par M. B. Barère. *Paris, Crapelet,* 1804 ; in-12, mar. rouge, fil., tr. dor. (*Rel anc.*).   25 fr.

Bel exemplaire en GRAND PAPIER, avec les 4 figures de *Myris,* gravées par *Saint-Aubin, Bacquoy* et *Delvaux,* tirées AVANT LA LETTRE.

3272. **Tavernier** (J.-B.). Les six Voyages de M. J.-B. Tavernier, baron d'Aubonne, en Turquie, en Perse et aux Indes, pendant l'espace de 40 ans. Nouvelle édition. *Paris, Vᵉᵉ P. Ribou,* 1724 ; 2 vol. in-12, veau.   12 fr.

Portrait, frontispice et planches en taille-douce.

3273. **Ténot** (Eugène). Paris en décembre 1851. Etude historique sur le Coup d'Etat. *Paris, Le Chevalier,* 1868 ; in-8, br.   3 fr. 50

3274. **Térence.** Terentius, a M. Antonio Mureto Cocis prope innumerabilibus emendatus. Ejusdem Mureti argumenta in singulas comedias et annotationes. *Venetiis, apud Paulum Manutium Aldi F.,* 1555 ; pet. in-8 réglé, vélin, dos orné, fil. et milieux, tr. dor. (*Rel. anc.*). 40 fr.

Très bel exemplaire réglé.

3275. **Tessé** (Maréchal de). Lettres à Mᵐᵉ la duchesse de Bourgogne, Mᵐᵉ la princesse des Ursins, Mᵐᵉ de Maintenon, M. de Pontchartrain, etc., publiées par le comte de Rambuteau. *Paris, Calmann Lévy,* 1888 ; in-8, portr., br.   5 fr.

3276. **Testamentum** (Novum), per D. Erasmus Roterodarum novissimi recognitum : et insignium historiarum simulachris, cum venustati, tum veritati accommodis illustratum. (*Lugduni*), *Excud. Fran. Griphius,* 1552 ; in-16 réglé ; veau.   150 fr.

Édition ornée de charmantes petites figures sur bois, gravées avec la plus grande finesse.

3277. **Thibaudeau** (A.-C.). Mémoires sur la Convention et le Directoire. *Paris, Baudouin,* 1824 ; 2 vol. — Mémoires sur le Consulat, 1799 à 1804. *Paris, Ponthieu,* 1827 ; ens. 3 vol. in-8, br.   12 fr.

3278. **Thibault.** Académie de l'Espée de Girard Thibault d'Anvers, ou se demonstrent par reigles mathematiques sur le fondement d'un cercle mystérieux, la théorie et pratique des vrais et jusqu'à incognus secrets du maniement des armes à pied et à cheval. *Leyde, Elzevier,* 1628 ; in-fol., demi-rel. bas.   200 fr.

Exemplaire renfermant les 57 planches seules gravées par *Crispin de Pas, Bolwert, Matham,* etc., de ce livre le mieux illustré qui ait jamais été publié sur l'escrime.

3279. **Thibaud de Marly.** Vers sur la mort, publiés d'après un manuscrit de la bibliothèque du Roi. *Paris, impr. Crapelet,* 1835 ; gr. in-8, demi-rel. dos et coins de mar. bleu, dos orné, *non rogné* (*Cuzin*).   10 fr.

3280. **Thiriet** (J.-B.). Mes Souvenirs ou les prisonniers français en Pologne, poésies suivies de notes historiques. *Paris, Delaunay,* 1822 ; in-8, demi-rel.   3 fr.

Lithographie par *Horace Vernet.*

3281. **Thureau-Dangin** (Paul). Le Parti libéral sous la Restauration. *Paris,* 1876 ; in-8, br.   4 fr.

3282. **Thureau-Dangin** (Paul). Royalistes et Républicains. Essais historiques sur des questions de politique contemporaine. *Paris, E. Plon,* 1874 ; in-8, br.   5 fr.

3283. **Tocqueville** (Alexis de). L'Ancien Régime et la Révolution. *Paris, Michel Lévy,* 1860 ; in-8, br.   4 fr.

Et de Livres anciens et modernes

3284. **Tocqueville** (Alexis de). Souvenirs, publiés par le comte de Tocqueville. *Paris, Calmann Lévy,* 1893 ; in-8, portr., br.   5 fr.

3285. **Tollot.** Nouveau Voyage fait au Levant, ès années 1731 et 1732, contenant les descriptions d'Alger, Tunis, Tripoly de Barbarie, Alexandrie en Egypte, Terre Sainte, Constantinople, etc. *Paris, André Cailleau,* 1742 ; in-12, veau.   7 fr.

3286. **Topin** (Marius). L'Homme au Masque de fer. *Paris, Didier,* 1870 ; in-8, br.   4 fr.

3287. **Tourneux** (Maurice). Bibliographie de l'Histoire de Paris pendant la Révolution française. *Paris, impr. nouvelle,* 1890-1894 ; 2 vol. gr. in-8, br.   8 fr.

Tomes Ier et IIe.

3288. **Traité** de la Comédie et des spectacles, selon la tradition de l'Eglise, tirée des conciles et des Saints Pères (par Armand de Bourbon, prince de Conti). *Paris, L. Billaine,* 1666 ; in-8, veau fauve, dos orné (*Rel. anc.*)   8 fr.

Ouvrage dirigé contre les représentations théâtrales.

3289. **Traité** des droits des Communes et des bourgeoisies, contenant l'origine des titres et des qualités de noble, de bourgeois, de serf ou mortaillabe par M*** (Varsavaux), avocat. *Nantes, Vve Marie,* 1759 ; in-12, bas.   5 fr.

3290. **Tressan.** Histoire de Gérard de Nevers et de la belle Euriant sa mie. *Paris, Dufart,* 1796 ; in-12, cart., *non rogné.*   10 fr

4 figures de *Moreau le jeune.*

3291. **Tristan l'Hermite.** La Lyre du sieur Tristan. *Paris, Aug. Courbé,*1641 ; in-4, front., vélin.15 fr.

A la suite : l'Orphée: Mélanges et Ode à Mgr. le Grand.

3292. **Turpin.** Histoire civile et naturelle du royaume de Siam, et des révolutions qui ont boulversé cet empire jusqu'en 1770. *Paris, Costard,* 1771 ; 2 vol. in-12, veau, dos orné (*Rel. anc.*)   10 fr.

Cette histoire a été publiée par Turpin sur les manuscrits qui lui furent communiqués par le vicaire apostolique de Siam, Bigot, évêque de Tabarca et autres missionnaires.

3293. **Unger** (William). Œuvres. Eaux-fortes d'après les maîtres anciens, commentées par C. Vosmaer. *Leyde, Sythoff,* 1874 ; gr. in-fol. *en livraisons.*   130 fr.

72 magnifiques eaux-fortes avant la lettre sur *Chine.* Texte explicatif sur PAPIER DE HOLLANDE.

3294. **Uzanne** (Octave). Caprices d'un bibliophile. *Paris, Ed. Rouveyre,*1878 ; in-8, br., couv. ill. 4 fr.

PAPIER DE HOLLANDE. Frontispice à l'eau-forte par *Ad. Lalauze.*

3295. **Vaubau.** Traité de la défense des places. Ouvrage original. *Paris, C.-A. Jombert,* 1769 ; in-8, bas.   6 fr.

3296. **Van de Velde.** Le Pays d'Israël. Collection de vues prises d'après nature dans la Syrie et la Palestine. *Paris, Vve J. Renouard,* 1857 ; in-fol., demi-rel. dos et coins de mar. rouge, *non rogné.*   85 fr.

100 planches lithographiées à plusieurs teintes ; manquent les n°s 22 et 74.

3297. **Vianne** (Ed.). Prairies et plantes fourragères. *Paris, Rothschild,* 1870 ; gr. in-8, br.   5 fr.

170 vignettes sur bois.

3298. **Vie** (la) de Jean-Baptiste Colbert, ministre d'Etat sous Louys XIV, roy de France (par Gatien Sandras de Courtilz). *Cologne,* 1695; pet. in-12, front., mar. brun jans., doublé de veau fauve, tr. dor. (*Chatelain*).   25 fr.

Écrit satirique. D'après M. Clément, cet ouvrage n'est pas écrit dans un sentiment d'hostilité systématique ; Colbert y est loué franchement en quelques endroits et l'ouvrage renferme plus d'un fait curieux et plus d'une anecdote intéressante.

3299. **Vernet** (Carle et Horace). RECUEIL DE CHEVAUX de tous genres, dessinés par Carle et Horace Vernet, et gravés par Levachez. *A Paris, rue Saint-Lazare, Chaussée d'Antin, n° 42 (vers 1805)* ; gr. in-fol., demi-rel. dos et coins de mar. vert, *non rogné.*   1100 fr.

Rare et bel exemplaire contenant 1 titre et 54 belles planches très finement coloriées.

Le Propriétaire-Gérant : TH. BELIN.

Châteaudun. — Imp. de la Société Typographique.